D1456973

Collection «Notes de cours»

INTERNET

Internet (*Introduction au réseau*)
Internet (*Création de pages Web*)
Explorer 5.0 (*Les fonctions de base*)
Netscape Communicator 4.7 (*Les fonctions de base*)
Recherches efficaces dans Internet

ENVIRONNEMENT WINDOWS

Office 2000

Access 2000 (*Les fonctions de base*)
Excel 2000 (*Les fonctions de base*)
Outlook 2000 (*Les fonctions de base*)
Word 2000 (*Les fonctions de base*)
Word 2000 (*Les fonctions intermédiaires*)

Windows 98

Outlook 98 (*Les fonctions de base*)
Visio 5.0 (*base et intermédiaire*)
Windows 98 (*Les fonctions de base*)

Office 97

Access 97 (*Les fonctions de base*)
Access 97 (*Les fonctions intermédiaires*)
Excel 97 *(Les fonctions de base)*
Excel 97 *(Les fonctions intermédiaires)*
Microsoft Office 97 (*L'environnement*)
Outlook 97 (*Les fonctions de base*)
Powerpoint 97 (*Les fonctions de base*)
Word 97 *(Les fonctions de base)*
Word 97 *(Les fonctions intermédiaires)*

Windows 95

Access 7.0 (*Les fonctions de base*)
Access 7.0 (*Les fonctions intermédiaires*)
CorelDRAW 7.0 (*Les fonctions de base*)
CorelDRAW 7.0 (*Les fonctions intermédiaires*)
Excel 7.0 *(Les fonctions de base)*
Excel 7.0 *(Les fonctions intermédiaires)*
Exchange 4.0 et Schedule+ (*Les fonctions de base*)
Lotus Organizer 2.1 (*Les fonctions de base*)
Lotus Notes 4.5.1 *(Les fonctions de base*)
Microsoft Office 95 – Introduction à la bureautique
Microsoft Office 95 – Les utilitaires
PageMaker 6.0 (*Les fonctions de base*)
PageMaker 6.0 (*Les fonctions intermédiaires*)
PowerPoint 7.0 *(Les fonctions de base)*
Windows 95 et NT 4.0 *(Les fonctions de base)*
Word 7.0 *(Les fonctions de base)*
Word 7.0 *(Les fonctions intermédiaires)*
Word 7.0 *(Les fonctions avancées)*
WordPerfect 7.0 (*Les fonctions de base*)
WordPerfect 7.0 (*Les fonctions intermédiaires)*
WordPro 96 *(Les fonctions de base)*

ENVIRONNEMENT MACINTOSH

Illustrator 6 *(Les fonctions de base)*
Illustrator 6 *(Les fonctions intermédiaires)*
Photoshop 3.0 *(Les fonctions de base)*
Photoshop 3.0 *(Les fonctions intermédiaires)*
Photoshop 5.0 *(Les fonctions de base)*
Système 8 (*Les fonctions de base*)
Word 5.1 *(Les fonctions de base)*
Word 5.1 *(Les fonctions intermédiaires)*
QuarkXPress 3.3 *(Les fonctions de base)*
QuarkXPress 3.3 *(Les fonctions intermédiaires)*

ENVIRONNEMENT WINDOWS ET MACINTOSH

Director 5.0 (*Les fonctions de base*)
Director 5.0 (*Programmation Lingo*)
FileMaker Pro 2 *(Les fonctions de base)*
PageMaker 6.0 *(Les fonctions de base)*
PageMaker 6.0 *(Les fonctions intermédiaires)*
Photoshop 4.0 *(Les fonctions de base)*
QuarkXpress 4 *(Les fonctions de base)*

 Des manuels sur les versions antérieures des logiciels sont également offerts.

WORD 2000

Les fonctions de base

Le Groupe «C» est un regroupement de collèges spécialisés en informatique et en bureautique qui dessert les principales régions du Québec. Il possède également un volet international.

Voici la liste de ses membres actuels:

Collèges au Québec

• Abitibi-Témiscamingue	• Chicoutimi	• Édouard-Montpetit (Longueuil)	• Lévis-Lauzon (Québec)**
• Maisonneuve (Montréal)	• Montmorency (Laval)	• Outaouais (Hull)	• Rimouski
• Sept-Îles**	• Trois-Rivières	• Sherbrooke	

** Collèges participant à la révision technique

Au niveau international

Afrique - Groupe PROACTIF		
• Collège Saint-Michel (Sénégal)	• CETI de-la-Salle (Cameroun)	• Groupe INSTEC (Côte d'Ivoire)

Word 2000 (Les fonctions de base)

Auteurs: Micheline Blais, Daniel Caron

Révision technique: Guy Carreau, Marie-Josée Vachon

Révision linguistique: Corinne de Vailly, Cassandre Fournier, Liliane Michaud

Mise en pages: Micheline Blais

Pour des renseignements sur les services offerts, adressez-vous à:

GROUPE «C»
100, rue de Gentilly Est
Longueuil (Québec) J4H 4A9
Tél.: (514) 442-3337 • 1 800 391-3998 • Téléc.: (514) 442-1477
Internet: ***http://www.collegeem.qc.ca/groupec***

Pour obtenir des exemplaires supplémentaires des ouvrages du Groupe «C», au Canada (pour les autres pays, veuillez consulter la liste des distributeurs à la page 6 de cet ouvrage):

Québec-Livres
2185, autoroute des Laurentides
Laval (Québec) H7S 1Z6
Tél.: (450) 687-1210, 1 800 251-1210 • Téléc.: (450) 687-1331

Micheline Blais
Daniel Caron

WORD 2000

Les fonctions de base

Les Éditions
LOGIQUES

Les ouvrages de la collection «Notes de cours» ont été conçus pour être utilisés aussi bien en classe par un formateur que par toute personne qui veut apprendre, seule à la maison ou au bureau, comment utiliser un logiciel ou naviguer dans Internet.

Le contenu des ouvrages de la collection a été approuvé par des experts et testé par plus de 200 étudiants de différents milieux. La démarche pédagogique de même que les termes techniques utilisés ont eux aussi été validés.

À une mise en pages agréable s'ajoute une reliure mains libres permettant une utilisation efficace. De nombreux exemples d'écrans, des exercices gradués, des marches à suivre et un index guident pas à pas l'utilisateur dans son apprentissage.

Distribution au Canada:
Québec-Livres, 2185, autoroute des Laurentides, Laval (Québec) H7S 1Z6
Téléphone: (450) 687-1210, 1 800 251-1210 • Télécopieur: (450) 687-1331

Distribution en France:
Casteilla/Chiron, 10, rue Léon-Foucault, 78184 Saint-Quentin-en-Yvelynes
Téléphone: (33) 01 30 14 19 30 • Télécopieur: (33) 01 34 60 31 32

Distribution en Belgique:
Diffusion Vander, avenue des Volontaires, 321, B-1150 Bruxelles
Téléphone: (32-2) 762-9804 • Télécopieur: (32-2) 762-0662

Distribution en Suisse:
Diffusion Transat s.a., route des Jeunes, 4 ter, C.P. 1210, 1211 Genève 26
Téléphone: (022) 342-7740 • Télécopieur: (022) 343-4646

LOGIQUES est une maison d'édition agréée et reconnue par les organismes d'État responsables de la culture et des communications.

Nous remercions le Conseil des Arts du Canada, le ministère du Patrimoine canadien et la Société de développement des entreprises culturelles du Québec pour leur appui à notre programme de publication.

Nous reconnaissons l'aide financière du gouvernement du Canada par l'entremise du Programme d'Aide au Développement de l'industrie de l'Édition (PADIÉ) pour nos activités d'édition.

Les Éditions LOGIQUES
7, chemin Bates, Montréal (Québec) H2V 1A6
Téléphone: (514) 270-0208 • Télécopieur: (514) 270-3515

Word 2000 – Les fonctions de base

Dépôt légal, 1er trimestre 2000
Bibliothèque nationale du Québec
Bibliothèque nationale du Canada

ISBN 2-89381-654-1
LX-764

TABLE DES MATIÈRES

CHAPITRE 1

INTRODUCTION

Objectif général

Créer et modifier un document avec Word 2000.

Objectifs spécifiques

Être en mesure:

- ✓ de saisir un texte;
- ✓ d'enregistrer un document;
- ✓ d'ouvrir un document existant;
- ✓ d'identifier les formes du pointeur et les symboles des touches clavier;
- ✓ de déplacer rapidement le point d'insertion;
- ✓ de modifier le mode d'affichage à l'écran;
- ✓ d'utiliser les raccourcis pour sélectionner du texte;
- ✓ de modifier une mise en forme de base;
- ✓ d'utiliser les fonctions Couper, Copier et Coller;
- ✓ d'utiliser la collecte de données (Presse-papiers Office);
- ✓ d'utiliser le Compagnon Office.

MISE EN ROUTE DE WORD

La mise en route de Word s'effectue en faisant un clic sur l'icône de *Microsoft Word* que vous trouverez dans le menu **Démarrer/Programmes**.

Si vous avez installé *Microsoft Office* avec l'affichage des icônes de *Programmes* sur la barre de *Microsoft Office*, cliquez une fois sur l'icône de Word.

La fenêtre de Word 2000 apparaît à l'écran, prête à accueillir le document que vous désirez créer.

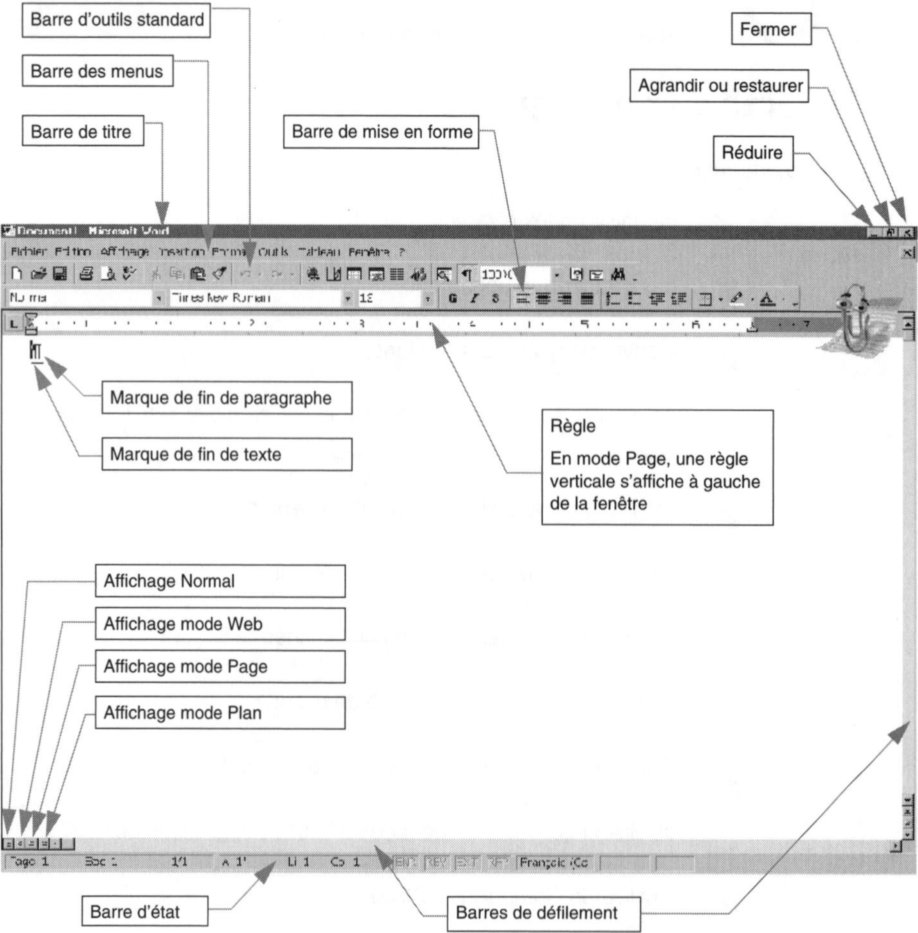

POINTEUR DE LA SOURIS (SES DIFFÉRENTES FORMES)

Le pointeur sur votre écran est le prolongement de la souris; il suit tous ses mouvements. C'est grâce à lui que vous pourrez sélectionner et effectuer bien d'autres opérations. Dans Word, le pointeur prend des formes différentes et, par conséquent, sa fonction est modifiée selon le contexte dans lequel il est utilisé.

POINTEUR D'INSERTION OU SÉLECTEUR DE TEXTE

Le pointeur d'insertion sert à repositionner le point d'insertion à l'intérieur du document et à sélectionner en partie ou tout le texte (glisser). Il se déplace à l'aide de la souris. Glissez la souris sur le tapis et le pointeur à l'écran suit le mouvement. Il sert également à sélectionner du texte: cliquez au début ou à la fin du texte à sélectionner et, en maintenant le bouton gauche de la souris enfoncé, glissez vers la fin ou le début du texte à sélectionner.

Cliquer-taper

Pour insérer rapidement du texte, des graphiques, des tableaux et d'autres éléments dans une zone vide d'un document, il suffit de double-cliquer dans une zone vide, et la fonctionnalité **Cliquer-taper** applique automatiquement la mise en forme nécessaire pour positionner l'élément là où vous avez double-cliqué. Il applique le texte à gauche, au centre ou à droite et il prend la forme de l'alignement. Par exemple, pour créer une page de titre, double-cliquez au milieu d'une page vide et tapez un titre centré. Puis double-cliquez sur la marge inférieure droite de la page et tapez un nom d'auteur aligné à droite.

Aligner à gauche	**Aligner à droite**
Centrer	**Retrait à gauche**
Retour ligne à gauche	**Retour ligne à droite**

Point d'insertion

Il possède la forme d'une barre verticale et il clignote. Il indique l'endroit où viendra s'insérer le texte; il travaille en relation étroite avec le pointeur d'insertion.

Pour placer le point d'insertion à l'endroit voulu, positionnez le pointeur d'insertion à cet endroit, appuyez sur le bouton gauche de la souris (cliquez) et relâchez-le.

FLÈCHE DE GAUCHE

Lorsque vous déplacez la souris sur la barre de titre, sur un menu, sur les barres de défilement ou dans les boîtes de dialogue, le point d'insertion se transforme automatiquement en flèche de gauche. Servez-vous de ce pointeur pour vous déplacer à l'intérieur du document, pour cliquer sur les commandes des menus et préciser des options dans les boîtes de dialogue.

FLÈCHE DE DROITE

Cette flèche apparaît lorsque vous glissez le pointeur dans la marge de gauche de la fenêtre active appelée colonne de sélection invisible. Elle sert à sélectionner rapidement un bloc de texte (voir *Sélections de texte*, page 31).

POINT D'INTERROGATION

Il apparaît lorsque vous appuyez sur ***Maj+F1*** ou cliquez sur son icône située sur la barre d'outils; il sert à accéder aux fonctions d'aide de Word.

SABLIER

Le sablier indique que Word est en train d'exécuter la dernière commande que vous lui avez demandée. Lorsque le sablier est affiché, vous pouvez quand même entrer du texte ou taper d'autres commandes. Quand Word aura exécuté la première commande, il effectuera la suivante. Il existe d'autres formes de point d'insertion: nous les verrons dans un autre chapitre.

*Si, par erreur, vous obtenez une forme de pointeur que vous ne désirez pas utiliser, appuyez sur **Échap** pour revenir à la forme habituelle.*

NOUVEL ASPECT DES MENUS ET DES BARRES D'OUTILS

BARRE DES MENUS

Office 2000 affiche uniquement les commandes que vous utilisez fréquemment dans les menus et barres d'outils personnalisés. Vous pouvez ensuite développer les menus pour afficher les autres commandes. Après avoir sélectionné une commande, elle s'affiche dans le menu personnalisé.

Si vous cliquez sur le menu **Outils**, voici un exemple du menu personnalisé:

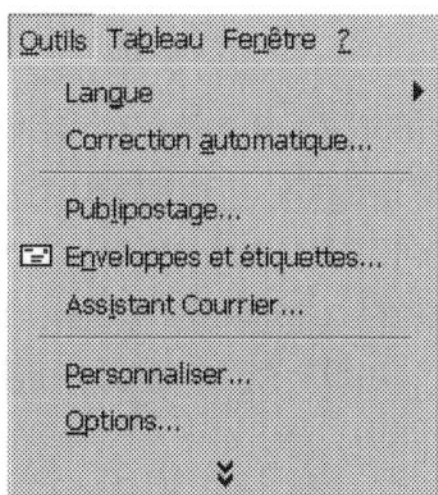

Si vous maintenez quelques secondes la souris sur le menu ou si vous cliquez sur la flèche double au bas du menu, Word affiche la totalité des commandes du menu.

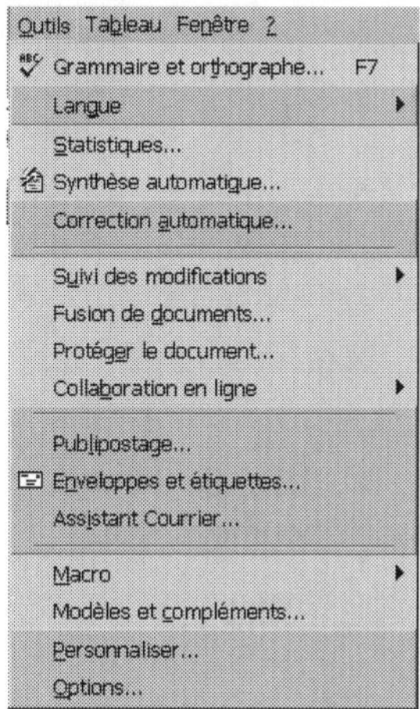

Notez que les zones foncées composent le menu personnalisé et que les zones claires s'affichent lorsque la totalité des commandes sont visibles.

MENU CONTEXTUEL

Un menu contextuel affiche une liste de commandes propres à un élément spécifique. Ces menus offrent très souvent des raccourcis intéressants. Parmi les éléments pour lesquels vous pouvez afficher un menu contextuel figurent le texte, les tableaux, les mots signalés par le vérificateur d'orthographe et les graphismes. Autrement dit, le menu contextuel varie en fonction de l'élément sélectionné.

Pour afficher un menu contextuel, cliquez à l'aide du bouton droit de la souris sur un élément ou appuyez sur ***Maj+F10***.

BARRES D'OUTILS

2000

Les barres d'outils partagent une seule ligne dans l'écran, afin que vous disposiez de plus d'espace pour travailler. Lorsque vous cliquez sur un bouton de barre d'outils, ce bouton est ajouté aux barres d'outils personnalisées dans votre écran. Vous pouvez facilement personnaliser vos barres d'outils. Si vous préférez que tous les boutons des barres d'outils soient visibles, il suffit de glisser la barre d'outils à l'endroit de votre choix.

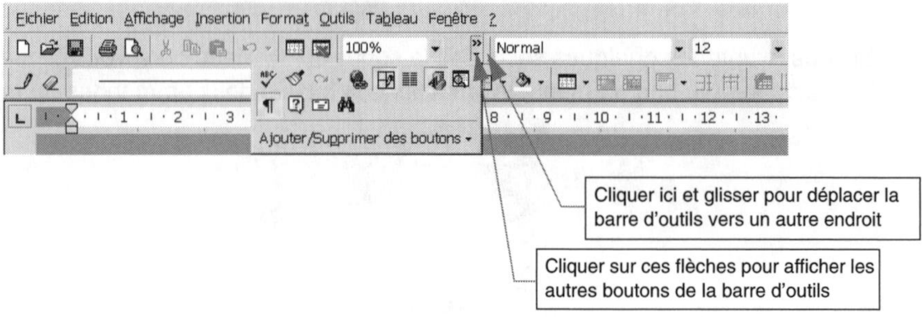

BARRE D'ÉTAT

La barre d'état, située au bas de l'écran, fournit de l'information sur certains éléments en cours dans le document.

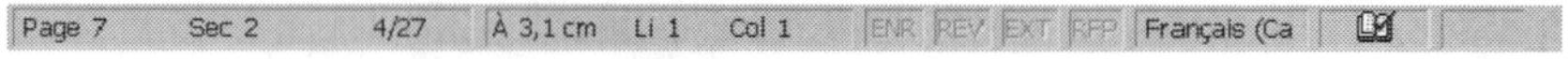

Voici une brève description de la barre d'état illustrée ci-dessus.

Page 7 La page 7 est affichée à l'écran.

Sec 2 La section 2 est affichée à l'écran.

4/27 Le numéro de page (4) et le nombre total de pages (27) basés sur le nombre de pages effectives dans le document.

À La distance entre le haut de la page et le point d'insertion.

Li La ligne de texte dans laquelle se situe le point d'insertion.

Col Le nombre de caractères entre la marge de gauche et le point d'insertion.

Pour les trois derniers éléments, aucune mesure n'est affichée si le point d'insertion ne se trouve pas dans la fenêtre.

Les autres éléments de la barre seront étudiés plus loin dans ce manuel et dans le manuel intermédiaire.

SAISIE DE TEXTE

Une fois à l'intérieur du programme Word, vous êtes immédiatement prêt à taper le texte. Il est toutefois important de ne pas faire de retour de paragraphe en fin de ligne. Les retours (↵) ou ***Entrées*** ne sont utilisés que pour les fins de paragraphe. Ceux-ci sont d'ailleurs identifiables par le symbole de fin de paragraphe:

¶

Un simple retour de ligne est identifié par une flèche coupée à angle droit (↵); le texte qui suit un retour de ligne appartient au même paragraphe que le texte précédent. Pour obtenir un retour de ligne, tapez ***Maj+Entrée***.

¶

Pour afficher ou cacher les marques de fin de paragraphe, cliquez sur l'icône de fin de paragraphe située sur la **barre d'outils standard**. Ces marques ne s'impriment pas sur le document: elles apparaissent à l'écran à titre indicatif. De plus, elles contiennent tous les codes de format de paragraphes.

VÉRIFIER L'ORTHOGRAPHE EN COURS DE FRAPPE

Lors de la saisie de texte, si le vérificateur d'orthographe de Word ne reconnaît pas un mot, celui-ci sera souligné d'un trait rouge ondulé (la langue active apparaît dans la barre d'état). Il en va de même pour les erreurs grammaticales; les mots ou les phrases seront alors soulignés d'un trait vert ondulé. Par exemple: le mot pointeur écrit comme suit, «pointur», sera corrigé par le vérificateur d'orthographe (pointeur) et la phrase «Les fleur de son jardin...» sera corrigée par la grammaire (fleurs).

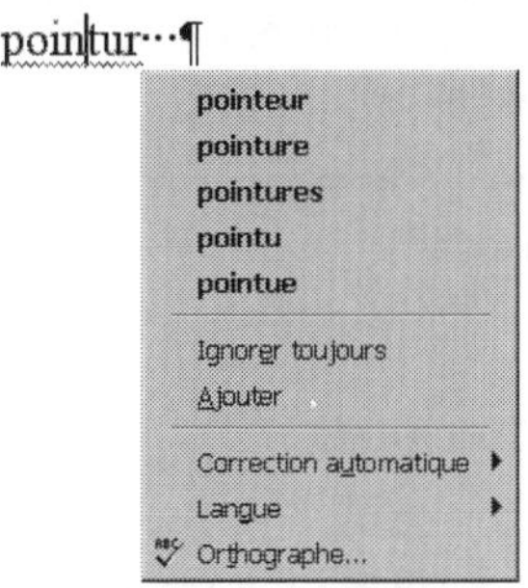

Les·fleur·de·son·jardin·s'épanouissent·da

Genre/Nombre : Vérifiez s'il faut faire l'accord entre les et fleur.

Le

L'

La

Ignorer la phrase

Grammaire...

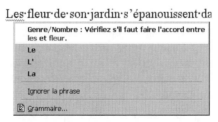

Cliquez sur le mot mal orthographié avec le bouton droit de la souris et choisissez parmi les mots proposés par Word celui qui convient. Nous verrons au chapitre 5

sous la rubrique *Outils de vérification*, page 129, les autres options du vérificateur et de la grammaire.

*Pour activer ou désactiver les correcteurs, dérouler le menu **Outils** et activer la commande **Options**, choisir l'onglet **Grammaire et orthographe**. Cliquer dans les cases **Vérifier l'orthographe en cours de frappe** ou **Vérifier la grammaire en cours de frappe**.*

2000

UTILISER LE CLIQUER-TAPER

Pour avoir accès à cette fonctionnalité, basculez en mode Page ou Web. Si la fonction est désactivée, déroulez le menu **Outils**, cliquez sur **Options**, puis sur l'onglet **Édition**, activez la case à cocher **Activer le Cliquer-taper**, puis cliquez sur **OK**.

MARCHE À SUIVRE

1. Positionner le pointeur à l'endroit (zone vide) où vous souhaitez insérer du texte, des graphismes ou un tableau. Puis cliquer pour activer le Cliquer-taper. La forme du pointeur indique la façon dont l'élément inséré va être mis en forme. Par exemple, en pointant au centre de la page, la forme du pointeur indique que l'élément sera centré.
2. Double-cliquer, puis commencer à taper du texte ou à insérer un élément de manière habituelle.

EXERCICE

Cet exercice demande à l'utilisateur de saisir du texte et d'expérimenter les formes du pointeur.

1. Tapez le texte qui suit les consignes. Utilisez le Cliquer-taper pour inscrire le titre centré et Cliquer-taper de nouveau pour commencer les paragraphes à gauche. Faites un ***Ctrl+0*** avant de commencer pour ajouter un espace de 12 points avant chaque paragraphe. Pour enlever cet espace, appuyez de nouveau sur ***Ctrl+0***.
2. Enregistrez le document sous le nom «**Créativité 1**» (***F12*** ouvre la boîte de dialogue de **Enregistrer sous** du menu **Fichier**).

3. Positionnez le pointeur de la souris dans la fenêtre de Word de manière à expérimenter les différentes formes du pointeur, ainsi que les divers déplacements du point d'insertion.

La créativité

La créativité, c'est produire quelque chose de nouveau et de valable. Pour que cette production soit satisfaisante, le créateur doit faire appel à ses propres ressources et à celles de son milieu.

Quelques caractéristiques de l'individu créateur

Une ouverture à l'expérience

Pour créer, l'individu doit être en état de recevoir, d'accueillir spontanément toutes les idées qui lui viennent à l'esprit. Les œillères tombent, les ornières s'effacent, il doit se laisser guider dans la voie créatrice sans censurer d'aucune manière toute idée nouvelle, aussi farfelue ou fantaisiste qu'elle puisse paraître a priori, afin de ne pas freiner l'illumination ou la solution du problème.

L'habileté à jouer avec les concepts

La fluidité — Aptitude à générer une grande quantité de mots, les idées coulent de source.

La flexibilité — Habileté à générer une grande variété de concepts. L'esprit créateur aborde un problème de multiples façons et de manière inattendue.

Un lieu interne d'évaluation

Faire confiance en ses propres perceptions et intuitions. Cette caractéristique, selon Rogers, est la plus importante. Elle sous-entend la sécurité émotive, l'aptitude à tolérer l'ambiguïté, les polarités et les contradictions.

ENREGISTREMENT D'UN DOCUMENT

Lorsque vous créez un document, il est important de sauvegarder ce dernier si vous désirez le conserver. Dans un premier temps, il s'agit de lui donner un nom; par la suite, il suffit de l'enregistrer régulièrement pour le sauvegarder avec les dernières modifications.

Il est également possible de dupliquer un document existant en l'enregistrant sous un autre nom avec l'article **Enregistrer sous** du menu **Fichier**. Vous pourrez ainsi apporter des changements au deuxième document sans modifier l'original.

Autrement dit, la commande **Enregistrer sous** nomme un nouveau document, ou copie un document existant, à la condition de modifier le nom de ce dernier. La commande **Enregistrer** sauvegarde les modifications apportées à un document déjà nommé, mais ouvre la boîte de dialogue de **Enregistrer sous** si le fichier n'a pas encore de nom. Le terme **Document** assorti d'un chiffre, que Word donne automatiquement à un nouveau document (sans texte, car avec texte, Word nomme le document avec les premiers mots inscrits), n'est pas considéré comme un nom permanent; il n'est que temporaire.

MARCHE À SUIVRE

1. Cliquer sur le bouton **Enregistrer** ou appuyer sur ***Ctrl+S***. Une boîte de dialogue apparaît.

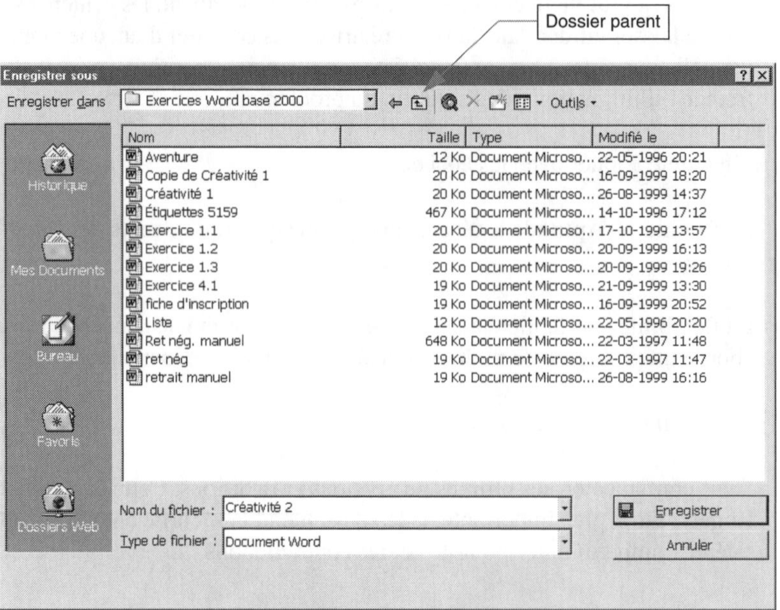

2. Choisir tout d'abord l'emplacement où le fichier doit être stocké. Si le dossier inscrit dans la case **Enregistrer dans** n'est pas celui souhaité, changer de dossier.

   Pour changer ce dossier, cliquer sur le bouton **Dossier parent** ou dérouler le menu déroulant **Enregistrer dans** pour accéder à celui désiré ou encore, cliquer sur une des icônes de la zone à gauche pour ouvrir l'emplacement correspondant. Pour créer un nouveau dossier, cliquer sur le bouton **Créer un**

nouveau dossier et, dans la case appropriée, taper le nom du dossier, puis appuyer sur le bouton **OK.**

3. Taper le nom du document dans la case **Nom du fichier** (jusqu'à 255 caractères incluant les espaces).

   Les noms de fichier ne peuvent pas contenir les caractères suivants: barre oblique (/), signes inférieur et supérieur (< >), astérisque (*), point d'interrogation (?), guillemets (""), deux-points (:), point-virgule (;).

Si vous êtes en réseau, il est possible que votre système ne puisse gérer plus de huit caractères.

La fonction **Enregistrer sous** est utilisée pour créer un nouveau document ou faire une copie d'un document déjà enregistré sous un autre nom. Ainsi, le premier demeure à l'endroit où il a été préalablement stocké et le deuxième reste affiché à l'écran.

ENREGISTREMENT D'UNE COPIE DE DOCUMENT

MARCHE À SUIVRE

1. Ouvrir le document à copier.
2. Dérouler le menu **Fichier**, cliquer sur **Enregistrer sous** ou appuyer sur la touche ***F12***. Pour enregistrer le document dans un dossier différent, choisir le nouvel emplacement et dans la zone **Nom de fichier**, taper un nouveau nom pour le document.
3. Cliquer sur **Enregistrer** ou appuyer sur la touche ***Entrée***.

Pour ouvrir un document comme copie, voir Ouverture d'un document existant, page 24.

Type de fichier

La case **Type de fichier** permet d'enregistrer le document dans un autre format que celui de la version en cours de l'application que l'on utilise; il est possible

d'enregistrer un fichier en format *Word 6* ou *Word 97*, en format *WordPerfect 5.x* et bien d'autres.

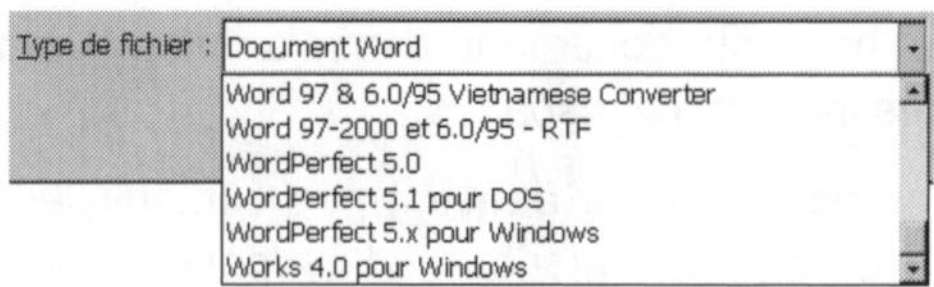

GESTION DE FICHIERS AU MOMENT DE L'ENREGISTREMENT

Ouvrir la boîte de dialogue **Enregistrer sous**, c'est comme ouvrir un classeur. Imaginez un classeur à plusieurs tiroirs contenant plusieurs chemises qui contiennent à leur tour plusieurs documents.

<table>
<tr><td>Avant de classer un document, il doit être étiqueté.

Chapitre 2</td><td>Un fichier créé à l'ordinateur également.

</td></tr>
<tr><td>Dans un classeur, pour ranger un document, vous ouvrez le bon tiroir puis la chemise appropriée.

</td><td>Dans la boîte de dialogue, vous rangez également le fichier ou document que vous créez dans le lecteur et le dossier (chemise) appropriés.

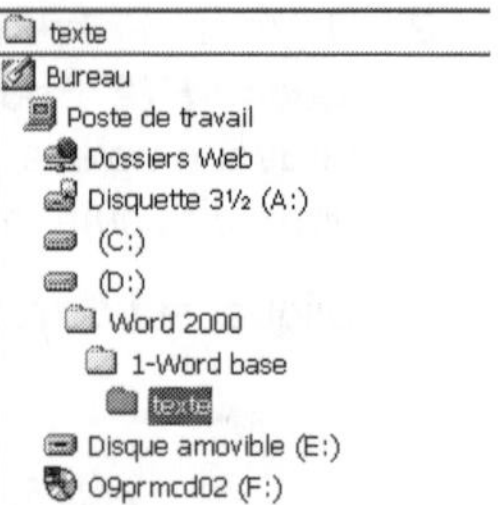

Ici, le dossier Texte est stocké dans 1-Word base qui est rangé dans Word 2000 qui appartient au lecteur (D). Ce dernier est stocké dans le poste de travail qui est sur le bureau.</td></tr>
<tr><td colspan="2">Il est important d'ouvrir le bon dossier (chemise) pour y stocker un document. Et pour y arriver, il faut parfois ouvrir plusieurs dossiers et dossiers secondaires.</td></tr>
</table>

Enregistrement automatique

Les documents enregistrés automatiquement sont stockés à un emplacement spécial jusqu'à ce que ledit document soit enregistré avec la fonction **Enregistrer**. En cas de panne de courant ou si l'ordinateur ne répond plus, le document est donc sauvegardé et récupéré automatiquement par Word lors du redémarrage. Tous les documents qui étaient ouverts à l'écran et enregistrés automatiquement sont rouverts afin que vous puissiez les enregistrer.

L'option **Enregistrement automatique** ne remplace en aucun cas la commande **Enregistrer** du menu **Fichier**. Lorsque vous enregistrez votre document à partir du menu **Fichier** (***Ctrl+S***), Word efface la dernière copie de sauvegarde de l'enregistrement automatique. Une bonne habitude à prendre est d'enregistrer le document avec le menu **Fichier** après chacun des enregistrements automatiques, car ces derniers ne sont pas garantis. Les documents de sauvegarde automatique sont effacés lors d'une sortie régulière du logiciel.

*Attention, la fonction **Enregistrement automatique** n'est pas fiable à cent pour cent.*

Activer ou désactiver l'enregistrement automatique

Marche à suivre

1. Dérouler le menu **Outils** et activer la commande **Options**.
2. Cliquer sur l'onglet **Enregistrement**.
3. Activer ou désactiver la case **Enregistrer les infos de récupération automatique toutes les 10 minutes**.

   Word inscrit, par défaut, 10 minutes; si cet intervalle ne vous convient pas, il suffit de le modifier. L'enregistrement se fera automatiquement à l'intervalle programmé, soit de 1 à 120 minutes.

Enregistrements subséquents d'un même document

Il est toujours possible, en tout temps, surtout après avoir ajouté des éléments importants à votre document, d'enregistrer ce dernier par le raccourci clavier ***Ctrl+S*** ou par le bouton de la barre d'outils **Enregistrer** ou **Fichier – Enregistrer**.

Fermeture d'un document

MARCHE À SUIVRE

1. Dérouler le menu **Fichier** et activer l'article **Fermer**.

   ou

   Ctrl+F4

   ou

   Cliquer sur la case de fermeture située dans le coin supérieur droit de l'écran. Si un seul document est ouvert, ne pas confondre avec la case de fermeture du logiciel qui est située plus haut. Par ailleurs, lorsque plus d'un document Word est ouvert à l'écran, une seule case marquée d'un x est apparente et chaque document est affiché dans la barre des tâches, ce qui permet de basculer facilement de l'un à l'autre.

   Cette opération ferme le document sans sortir de l'application. Dans le cas où le document n'a pas été sauvegardé, ou si les dernières modifications n'ont pas été enregistrées, le **Compagnon** affiche une boîte de dialogue pour avertir l'utilisateur qu'une modification a été apportée depuis la dernière sauvegarde.

2. Cliquer sur le bouton **Oui** pour sauvegarder le nouveau document ou celui qui a été modifié.

OUVERTURE D'UN DOCUMENT EXISTANT

Si vous êtes déjà dans le programme dans lequel le document que vous cherchez a été créé, vous pouvez ouvrir un document existant afin de le modifier. De plus, il est possible d'ouvrir et d'afficher plusieurs documents à l'écran, à la condition que la mémoire vive de votre ordinateur soit suffisante.

Le meilleur moyen d'ouvrir un document enregistré au préalable est de le sélectionner dans la liste du menu **Fichier** à la condition qu'il figure parmi les quatre derniers ayant été modifiés.

Dérouler le menu **Fichier** et sélectionner le document souhaité dans la zone des quatre derniers documents ouverts située immédiatement au-dessus de l'article **Quitter**. Word se rappelle l'endroit où il a été stocké.

*Pour modifier le nombre de documents affichés dans cette zone, dérouler le menu **Outils**, activer la commande **Options** et cliquer sur l'onglet **Général**. Sélectionner le nombre souhaité (0 à 9) dans la zone **Derniers fichiers utilisés**.*

Pour ouvrir un document qui ne figure pas dans la liste du menu **Fichier**, procéder comme il est démontré ci-dessous.

MARCHE À SUIVRE

1. Cliquer sur le bouton **Ouvrir** de la barre d'outils ou taper ***Ctrl+O***. Il est également possible de dérouler le menu **Fichier** et d'activer la commande **Ouvrir**. Une fenêtre apparaît.

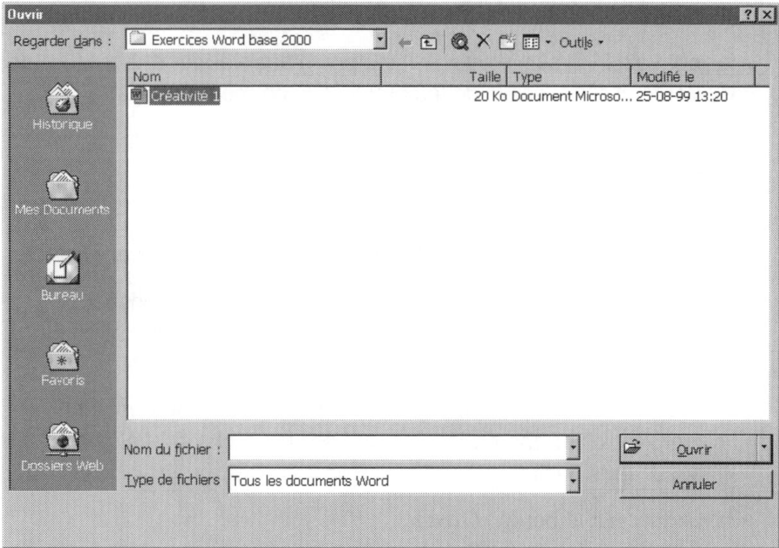

2. Chercher le fichier dans les documents affichés. S'il ne figure pas dans la liste, dérouler le menu **Regarder dans** ou sélectionner une des icônes de la zone de gauche.

3. Choisir le lecteur, le dossier et le dossier secondaire s'il y a lieu et double-cliquer sur le nom du document désiré ou cliquer une fois pour le sélectionner et cliquer sur le bouton **Ouvrir.**

Pour ouvrir le document en lecture seule ou pour en faire une copie, dérouler le menu du bouton **Ouvrir** et choisir l'option voulue.

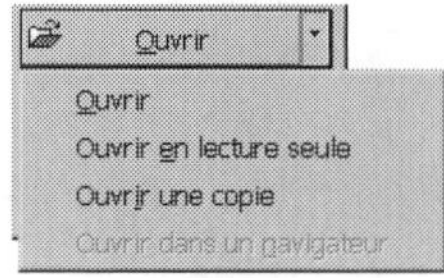

Ouvrir en lecture seule: pour enregistrer les modifications apportées à un fichier en lecture seule, utiliser la commande **Enregistrer sous** ou appuyer sur la touche ***F12*** (menu Fichier) pour l'enregistrer sous un nouveau nom.

Ouvrir une copie: ouvre une copie et Word ajoute automatiquement le terme **Copie de** avant le nom de fichier. La copie est créée dans le dossier qui contient le document d'origine.

OUVERTURE DE PLUS D'UN DOCUMENT

Vous pouvez également ouvrir plusieurs documents en même temps. Cette fonction est utile lorsque vous désirez travailler dans deux ou plusieurs documents; par exemple, pour copier du texte de l'un à l'autre. Ils s'affichent l'un par-dessus l'autre, le dernier document ouvert au premier plan.

Vous pouvez, bien sûr, les ouvrir l'un après l'autre au fur et à mesure de vos besoins. Par ailleurs, il est possible de les ouvrir tous en même temps.

MARCHE À SUIVRE

1. Cliquer sur le bouton **Ouvrir** de la barre d'outils ou taper ***Ctrl+O***.

   Pour ouvrir des documents listés de manière consécutive, cliquer sur le premier fichier approprié, appuyer sur la touche ***Maj*** et cliquer sur le dernier fichier désiré.

   Pour ouvrir des documents listés de manière non consécutive, cliquer sur le premier fichier approprié, appuyer sur la touche ***Ctrl*** et cliquer sur chacun des documents désirés.

2. Cliquer sur le bouton **Ouvrir**.

   Les documents s'ouvrent l'un après l'autre et sont superposés à l'écran.

*Lorsque plusieurs documents sont ouverts, pour basculer de l'un à l'autre, cliquer sur le document désiré dans le menu **Fenêtre** ou le sélectionner sur la **Barre des tâches** ou taper **Ctrl+F6**.*

DÉPLACEMENTS DU POINT D'INSERTION

POUR SE DÉPLACER	**APPUYER SUR LA OU LES TOUCHES**
D'un caractère vers la gauche	***Gauche***
D'un caractère vers la droite	***Droite***
D'un mot vers la gauche	***Ctrl+Gauche***
D'un mot vers la droite	***Ctrl+Droite***
D'un paragraphe vers le haut	***Ctrl+Haut***
D'un paragraphe vers le bas	***Ctrl+Bas***
D'une cellule vers la gauche (dans un tableau)	***Maj+Tab***
D'une cellule vers la droite (dans un tableau)	***Tab***
D'une ligne vers le haut	***Haut***
D'une ligne vers le bas	***Bas***
Vers la fin d'une ligne	***Fin***
Vers le début d'une ligne	***Origine***
En haut de la fenêtre	***Alt+Ctrl+Pg.préc***
En bas de la fenêtre	***Alt+Ctrl+Pg.suiv***
En haut de l'écran (défilement)	***Pg.préc***
En bas de l'écran (défilement)	***Pg.suiv***
En haut de la page suivante	***Ctrl+Pg.suiv***
En bas de la page précédente	***Ctrl+Pg.préc***
À la fin d'un document	***Ctrl+Fin***
Au début d'un document	***Ctrl+Origine***
Position précédente	***Maj+F5***

AFFICHAGE DU DOCUMENT À L'ÉCRAN

Word utilise différents modes d'affichage qui offrent chacun certaines commodités à l'utilisateur. Sélectionnez les modes d'affichage à partir de la barre d'état à gauche ou à partir du menu **Affichage**.

Modes d'affichage

Normal

Le mode Normal affiche la mise en forme du texte mais les limites de la page, les en-têtes et les pieds de page, les arrière-plans, les dessins et les images qui n'ont pas le style d'habillage Aligné sur le texte ne s'affichent pas.

2000

Web

Ce mode d'affichage permet de créer une page Web. En mode Web, vous pouvez visualiser les arrière-plans, le texte est renvoyé à la ligne afin de s'ajuster à la taille de la page et les graphismes sont positionnés comme dans un navigateur Web.

Page

Le mode Page affiche le document tel qu'il sera imprimé. Cette option vous permet de visualiser le document en détail incluant les en-têtes et les pieds de page. Elle tient également compte des marges par rapport aux bords de page. Cet affichage est utile pour travailler en colonnes journalistiques et pour travailler dans les tableaux.

Plan

Le mode Plan permet d'afficher à l'écran, soit le nombre de niveaux de titres désiré (1 à 9), soit le document en entier. Cela facilite la gestion de longs documents. Cette fonction sera couverte dans le manuel ***Word 2000 — Les fonctions intermédiaires***.

Pour obtenir le mode:	Du menu Affichage, choisir:	Sur la barre d'état, cliquer sur:
Normal	Normal	
Web	Web	
Page	Page	
Plan	Plan	

Plein écran

Que vous soyez en mode Normal, Plan ou Page, vous pouvez mieux évaluer la mise en forme et la mise en page du document en sélectionnant **Plein écran** du menu **Affichage.** Word supprime de l'écran toutes les barres et toutes les icônes afin d'agrandir l'espace occupé par le document.

Pour revenir au mode précédent, cliquez sur le bouton **Fermer le plein écran** que Word affiche automatiquement à l'écran ou appuyez sur ***Échap***.

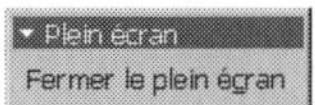

Explorateur de document

L'Explorateur de document est un volet séparé qui affiche la liste des titres contenus dans le document, ce qui permet de naviguer rapidement dans ce dernier.

L'Explorateur de document *est un mode d'affichage intéressant, nous le verrons en détail au chapitre 4, page 114 du présent manuel.*

Afficher les caractères non imprimables

Pour afficher tous les caractères non imprimables comme la marque de fin de paragraphe, les caractères de tabulation, les espaces entre les mots, etc., cliquez sur le bouton **Afficher/Masquer ¶** situé sur la barre d'outils standard.

Dans Word, on appelle un paragraphe un segment de texte qui se termine par la marque de paragraphe. Le paragraphe se termine lorsque vous appuyez sur la touche ***Entrée*** et que le point d'insertion change de ligne. La mise en forme du paragraphe précédent se reproduit automatiquement dans le nouveau, puisque la marque de paragraphe contient toutes les mises en forme nécessaires. Le paragraphe qui suit adopte donc toute la mise en forme du précédent. Même si aucun texte n'a été tapé, Word crée un autre paragraphe et la marque de paragraphe est affichée.

Il est avantageux de travailler avec les caractères non imprimables, par exemple: si vous avez inséré deux espaces entre les mots ou utilisé des tabulations de trop; il est alors facile de les visualiser et d'effacer l'espace en trop qui est représentée par un point ou la tabulation qui est représentée par une flèche.

Zoom

L'option **Zoom** permet d'agrandir ou de réduire l'affichage du document à l'écran. Elle ne modifie en rien l'impression de ce dernier. Par exemple, pour afficher toute la largeur du texte à l'écran et éviter qu'une partie des lignes soit invisible, déroulez le menu **Zoom** et choisissez **Largeur de la page** si l'affichage est en mode Normal et **Largeur du texte** si l'affichage est en mode Page. Pour un texte écrit en petits caractères, il est possible d'afficher le document à 200 %.

Selon le mode d'affichage choisi, des éléments de la zone **Zoom** sont modifiés. Vérifiez les options de cette zone avec chacun des modes d'affichage Normal et Page.

*D'autres formats d'affichage sont accessibles à partir du menu **Affichage** et de la commande **Zoom**.*

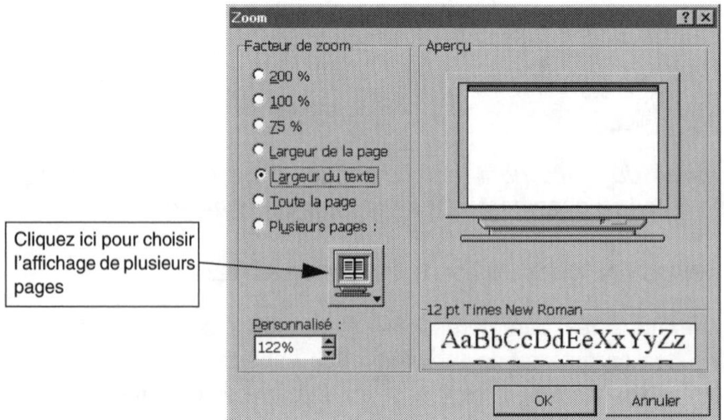

SÉLECTIONS DE TEXTE

POUR SÉLECTIONNER	PROCÉDER COMME SUIT
Un mot	Placer le pointeur sur le mot et double-cliquer.
Une ligne	Placer le pointeur, flèche vers la droite, dans la colonne de sélection invisible à gauche de la ligne et cliquer. La colonne de sélection invisible est située à gauche du texte.
Plusieurs lignes de texte	Placer le pointeur dans la colonne de sélection invisible, cliquer et le faire glisser vers le haut ou vers le bas.
Une phrase	Placer le pointeur, à l'intérieur de la phrase, appuyer sur la touche ***Ctrl*** et cliquer avec la souris.
Un paragraphe	Placer le pointeur dans la colonne de sélection invisible et double-cliquer. Ou encore, cliquer trois fois dans le paragraphe.
Plusieurs paragraphes	Placer le pointeur dans la colonne de sélection invisible, double-cliquer et le faire glisser vers le haut ou vers le bas.
Un grand bloc de texte (sur plusieurs pages)	Cliquer au début de la sélection, faire défiler jusqu'à la fin de la sélection en utilisant la barre de défilement, si nécessaire; puis, en maintenant la touche ***Maj*** enfoncée, cliquer à la fin du texte à sélectionner.
Un document entier	Appuyer sur ***Ctrl+A*** ou placer le pointeur dans la colonne de sélection invisible et cliquer trois fois.
Un bloc de texte vertical ou horizontal sans que toute la ligne soit sélectionnée (sauf dans une cellule de tableau)	Maintenir la touche ***ALT*** enfoncée et faire glisser.  **Les·fleurs·de·mon·jardin¶** **Rose·grandiflora** → Variété· de· fleurs· en· grappes· à· floraison· continuelle· du· début· de· l'été· jusqu'à· l'automne.·· Ces·rosiers·peuvent·être·plantés·en·massifs·ou· en·haies.¶ **Rose·trémière** → Appelée·également·passerose,·c'est·une·plante· à·tiges·dressées·s'élevant·de·3·à·7·pieds·selon· les·espèces.¶ **Rose·du·Japon** → Variété· à· fleurs· doubles· et· semi-doubles;· blanches,·rouges·ou·roses.¶

Pour annuler une sélection, cliquer n'importe où dans le texte ou utiliser une touche de déplacement (flèches haut, bas, droite, gauche); cette dernière option a comme avantage de positionner le point d'insertion au début ou à la fin de la sélection selon la flèche utilisée.

Sélection en glissant la souris

Marche à suivre

1. Cliquer au début ou à la fin du texte à ombrager.
2. Glisser la souris en maintenant le doigt enfoncé sur le bouton jusqu'à la fin de la partie à sélectionner.
3. Relâcher.
4. Effectuer les modifications souhaitées.
5. Cliquer à n'importe quel endroit ou appuyer sur une touche de déplacement (flèches haut, bas, gauche, droite) pour annuler la sélection.

Sélection à l'aide des touches du clavier

Marche à suivre

1. Placer le point d'insertion au début de la sélection.
2. Appuyer sur la touche ***Maj*** et, tout en la maintenant enfoncée, déplacer le point d'insertion à l'aide des flèches de droite, du bas, de gauche, du haut ou toute autre combinaison permettant de déplacer le point d'insertion tel que vu précédemment.
3. Effectuer les modifications souhaitées.
4. Cliquer à n'importe quel endroit ou appuyer sur une touche de déplacement (flèches) pour annuler la sélection.

Désélectionner un texte

Il est très important d'annuler une sélection une fois les modifications effectuées, car une fausse manœuvre, comme appuyer sur une touche, peut effacer le texte sélectionné. Si, par erreur, vous avez effacé un texte, appuyez immédiatement sur le bouton d'annulation ou tapez ***Ctrl+Z***.

Marche à suivre

1. Cliquer n'importe où dans le document pour désélectionner un texte ou appuyer sur une touche de déplacement (flèches).

SUPPRESSION DE TEXTE

Pour effacer:

- le **caractère précédant le point d'insertion** ou **le texte sélectionné**, appuyez sur la touche d'effacement (*backspace*). Cette commande est valable à la condition que l'option **La frappe remplace la sélection** soit active. Pour activer cette option, déroulez le menu **Outils**, activez l'article **Options** et sélectionnez la fiche **Édition**. Cliquez sur la case correspondant à l'option **La frappe remplace la sélection**.

La frappe remplace la sélection *signifie que si vous appuyez sur n'importe laquelle des touches du clavier, la fonction correspondant à cette dernière remplacera le texte sélectionné.*

- le **caractère suivant le point d'insertion** ou **le texte sélectionné**, appuyez sur la touche ***Suppr***.
- à partir du **point d'insertion jusqu'au début du mot**, appuyez simultanément sur les touches ***Ctrl+Touche d'effacement*** (***Backspace***).
- à partir du **point d'insertion jusqu'à la fin du mot**, appuyez simultanément sur les touches ***Ctrl+Suppr*** (***Delete***).

FONCTIONS AUTOMATIQUES À LA SAISIE D'UN TEXTE

Afin de modifier, de peaufiner ou simplement de rendre vos présentations écrites plus esthétiques, voici quelques fonctions utiles.

FONCTIONS AUTOMATIQUES DE BASE		
Pour appliquer les mises en forme	**Outils Cliquer sur:**	**Touches clavier Appuyer sur:**
Gras	G	***Ctrl+G***
Italique	I	***Ctrl+I***
Souligné	S	***Ctrl+U***
Surlignage		
Aligner à gauche		***Ctrl+Maj+G***
Centrer		***Ctrl+E***
Aligner à droite		***Ctrl+Maj+D***
Justifier		***Ctrl+J***
PETITES MAJ.		***Ctrl+Maj+K***
MAJ. min. Cap.		***Maj+F3***
Indice		***Ctrl+=***
Exposant		***Ctrl+Maj+=***
Normal (sans mise en forme)		***Ctrl+Barre d'esp.***
Pour activer ou désactiver chacune de ces mises en forme, appuyer sur l'une ou l'autre des touches correspondant à la fonction.		

*Lorsque vous activez l'une de ces fonctions à l'intérieur d'un paragraphe au moment de sa saisie ou une sélection après la saisie, appuyez sur **Ctrl+Barre d'espacement** pour retourner au style **Normal** par défaut.*

MODIFIER UN TEXTE

MARCHE À SUIVRE

1. Sélectionner (ombrager, mettre en surbrillance) le texte à modifier (voir *L'exercice sur la créativité*, page 36).
2. Activer la fonction qui correspond à la mise en forme désirée.
3. Cliquer n'importe où pour annuler la sélection.

REPRODUIRE LA MISE EN FORME (BOUTON PINCEAU)

Le bouton représentant un pinceau, situé sur la barre d'outils standard, offre un raccourci de mise en forme intéressant. Il permet de copier la mise en forme, qu'elle soit simple ou complexe, d'un texte et de l'appliquer à un autre texte.

MARCHE À SUIVRE

1. Sélectionner le texte qui possède les mises en forme voulues.

2. Cliquer sur le bouton **Reproduire la mise en forme** (pinceau). Un seul clic pour appliquer une seule fois la mise en forme et un double clic pour appliquer la mise en forme à plusieurs endroits.
3. Sélectionner le texte où la nouvelle mise en forme doit être appliquée.

*Pour une **mise en forme de caractères** seulement (du texte à l'intérieur d'un paragraphe, gras ou italique, par exemple), glisser la souris sur le texte à modifier ou cliquer sur le mot s'il s'agit d'un seul mot.*

*Pour une **mise en forme de paragraphe** (centré, imbriqué, gras, italique, etc.), sélectionner le paragraphe à partir de la barre de sélection invisible. Dans ce cas, tout le paragraphe (ou tous les paragraphes) adopte la mise en forme des caractères et du paragraphe source. Il est important de sélectionner la marque de paragraphe pour copier une mise en forme de paragraphe, car les codes de format sont stockés dans cette marque.*

4. Relâcher le bouton de la souris et recommencer l'étape 3 pour appliquer la mise en forme à d'autres segments de textes.

Pour arrêter la procédure de copie de la mise en forme et revenir au pointeur standard de la souris, appuyer sur ***Échap*** (***Esc***) ou cliquer à nouveau sur l'outil (pinceau).

*Si vous préférez utiliser le raccourci clavier plutôt que le pinceau et la souris, tapez **Ctrl+Maj+C** pour copier une mise en forme et **Ctrl+Maj+V** pour l'appliquer à un autre texte.*

EXERCICE

Cet exercice initie l'utilisateur à la sélection de texte et à la modification de la mise en forme.

1. Récupérez le fichier «**Créativité 1**» et modifiez-le de manière à ce qu'il soit identique au texte qui suit ces consignes. Utilisez les différentes sélections de texte.
2. Utilisez les fonctions apprises précédemment: gras, souligné, italique, taille, casse aux endroits appropriés.

Une casse est un terme de typographie qui indique si les caractères sont en minuscules ou en majuscules. Haut de casse signifie que le caractère est en majuscule et bas de casse, qu'il est en minuscule.

3. Enregistrez pour conserver les modifications.

LA CRÉATIVITÉ

La créativité, c'est produire quelque chose de nouveau et de valable. Pour que cette production soit satisfaisante, le créateur doit faire appel à ses propres ressources et à celles de son milieu.

QUELQUES CARACTÉRISTIQUES DE L'INDIVIDU CRÉATEUR

Une ouverture à l'expérience

Pour créer, l'individu doit être en état de recevoir, d'accueillir spontanément toutes les idées qui lui viennent à l'esprit. Les œillères tombent, les ornières s'effacent, il doit se laisser guider dans la voie créatrice sans censurer d'aucune manière toute idée nouvelle, aussi farfelue ou fantaisiste qu'elle puisse paraître *a priori*, afin de ne pas freiner l'illumination ou la solution du problème.

L'habileté à jouer avec les concepts

La fluidité — Aptitude à générer une grande quantité de mots, les idées coulent de source.

La flexibilité — Habileté à générer une grande variété de concepts. L'esprit créateur aborde un problème de multiples façons et de manière inattendue.

Un lieu interne d'évaluation

Faire confiance en ses propres perceptions et intuitions. Cette caractéristique, selon Rogers, est la plus importante. Elle sous-entend la sécurité émotive, l'aptitude à tolérer l'ambiguïté, les polarités et les contradictions.

COUPER, COPIER, COLLER

Un avantage indéniable du traitement de texte est, sans contredit, la possibilité de déplacer ou de copier du texte pour le coller dans le même document ou dans un autre document, et même dans le fichier d'une autre application.

DÉPLACER UN TEXTE (COUPER-COLLER)

Change l'emplacement du texte sélectionné, c'est-à-dire qu'il est supprimé de l'endroit où il a été saisi et est positionné ailleurs dans le document.

MARCHE À SUIVRE

1. Sélectionner le texte à déplacer.
2. **COUPER**: taper ***Ctrl+X*** ou cliquer sur le bouton **Couper**.
3. Positionner le point d'insertion à l'endroit où le texte doit être repositionné.
4. **COLLER**: taper ***Ctrl+V*** ou cliquer sur le bouton **Coller**.

COPIER UN TEXTE (COPIER-COLLER)

Le texte sélectionné demeure au même endroit, une copie est créée et placée ailleurs.

MARCHE À SUIVRE

1. Sélectionner le texte à copier.
2. **COPIER**: taper ***Ctrl+C*** ou cliquer sur le bouton **Copier**.
3. Positionner le point d'insertion à l'endroit où le texte doit être dupliqué.
4. **COLLER**: taper ***Ctrl+V*** ou cliquer sur le bouton **Coller**.

GLISSER-DÉPLACER À L'AIDE DE LA SOURIS

L'option **Glisser-déplacer** représente un autre moyen pour déplacer un texte sélectionné. Toutefois, cette manœuvre demande une bonne dextérité en ce qui concerne la manipulation de la souris. Par défaut, cette option est activée, sinon activez-la comme démontré ci-après.

MARCHE À SUIVRE

1. Dérouler le menu **Outils**, choisir **Options** et sélectionner l'onglet **Édition**.
2. Activer l'option **Glisser-déplacer**.

Déplacer un texte à l'aide de la souris

MARCHE À SUIVRE

1. Sélectionner un texte.
2. Positionner le pointeur de la souris sur la sélection. Cliquer sur le bouton gauche de la souris et le maintenir enfoncé.
3. Glisser le texte à son nouvel emplacement. Relâcher le bouton.

Copier un texte à l'aide de la souris

MARCHE À SUIVRE

1. Sélectionner un texte.
2. Appuyer sur ***Ctrl*** (maintenir le bouton enfoncé) et positionner le pointeur de la souris sur la sélection.
3. Glisser le texte à son nouvel emplacement. Relâcher le bouton.

*Relâcher la touche **Ctrl** en dernier après le bouton de la souris.*

REGROUPEMENT ET COLLAGE

Le Presse-papiers Office peut regrouper et coller plusieurs éléments. Par exemple, vous pouvez copier un dessin dans *Microsoft Excel*, basculer dans *Microsoft PowerPoint* et copier une liste à puces, basculer dans *Microsoft Internet Explorer* et copier une page de texte, puis basculer dans Word et coller l'ensemble des éléments copiés. Vous pouvez copier des éléments en utilisant n'importe quel programme qui fournit la fonctionnalité de copier-coller, mais vous ne pouvez coller les éléments que dans *Microsoft Word, Excel, Microsoft Access, Microsoft Outlook* ou *PowerPoint.*

Regroupement et collage de plusieurs éléments

2000

Afficher la barre d'outils **Presse-papiers:** cliquer avec le bouton droit de la souris et choisir Presse-papiers.

MARCHE À SUIVRE

1. Sélectionner l'élément à copier ou à couper. Si l'élément se trouve dans un autre programme, basculer dans ce programme.
2. Appuyer sur les touches ***Ctrl+C*** ou cliquer sur le bouton **Copier** (dans la barre d'outils Presse-papiers ou sur la barre d'outils standard).
3. Répéter l'étape 2 jusqu'à ce que tous les éléments souhaités soient copiés (**jusqu'à 12 éléments**).
4. Cliquer à l'emplacement où les éléments doivent être insérés.

   Coller un, plusieurs ou tous les éléments.

   Pour coller un élément: cliquer sur le bouton correspondant (le Presse-papiers affiche les 50 premiers caractères du texte dans une bulle).

   Pour coller plusieurs éléments: cliquer un à un sur les boutons correspondants, dans l'ordre de votre choix.

   Pour coller tous les éléments: cliquer sur **Coller tout** dans la barre d'outils Presse-papiers.

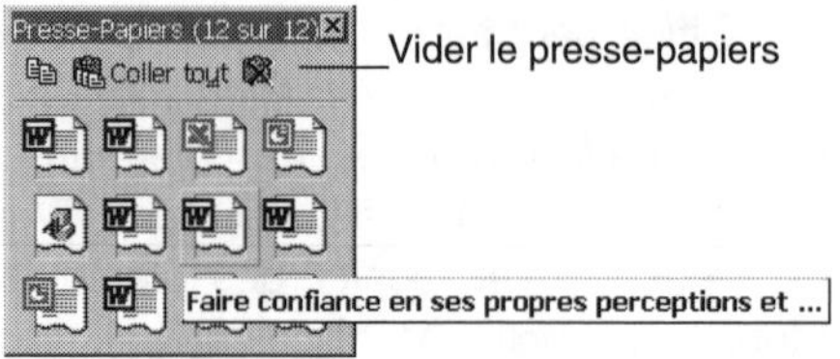

*Pour effacer les éléments de la barre du Presse-papiers, cliquer sur le bouton **Vider le Presse-papiers.***

Exercice

Cet exercice permet d'expérimenter l'ouverture d'une copie de document et d'apporter des changements au texte.

1. Ouvrez le document «**Créativité 1**» et enregistrez-le sous «**Créativité 2**».

En enregistrant le document sous un autre nom, le premier reste intact et un document identique est créé. Vous pouvez maintenant travailler sur ce dernier sans affecter le premier.

2. Apportez les changements nécessaires pour rendre le nouveau document identique au texte qui suit les consignes:
    - modifiez le texte des titres, les italiques et l'emplacement des blocs de texte;
    - dans le premier paragraphe, sélectionnez et remplacez le terme **de nouveau** pour **d'innovateur,** et **Faire** (premier mot du paragraphe de *Un lieu interne d'évaluation*) pour **L'individu créateur fait**;
    - supprimez les soulignés et le surlignage;
    - ajoutez la conclusion; le titre *Conclusion* requiert la même mise en forme que le titre *Quelques caractéristiques de l'individu créateur.* Utilisez le pinceau pour reproduire cette mise en forme.
3. Enregistrez pour conserver les modifications: cliquez sur l'icône ou tapez ***Ctrl+S***.

LA CRÉATIVITÉ

La créativité, c'est produire quelque chose d'innovateur et de valable. Pour que cette production soit satisfaisante, le créateur doit faire appel à ses propres ressources et à celles de son milieu.

Quelques caractéristiques de l'individu créateur

Une ouverture à l'expérience

Pour créer, l'individu doit être en état de recevoir, d'accueillir spontanément toutes les idées qui lui viennent à l'esprit. Les œillères tombent, les ornières s'effacent, il doit se laisser guider dans la voie créatrice sans censurer d'aucune manière toute idée nouvelle, aussi farfelue ou fantaisiste qu'elle puisse paraître *a priori*, afin de ne pas freiner l'illumination ou la solution du problème.

Un lieu interne d'évaluation

L'individu créateur fait confiance en ses propres perceptions et intuitions. Cette caractéristique, selon Rogers, est la plus importante. Elle sous-entend la sécurité émotive, l'aptitude à tolérer l'ambiguïté, les polarités et les contradictions.

Une habileté à jouer avec les concepts

La fluidité — Aptitude à générer une grande quantité de mots, les idées coulent de source.

La flexibilité — Habileté à générer une grande variété de concepts. L'esprit créateur aborde un problème de multiples façons et de manière inattendue.

Conclusion

La créativité est la plus précieuse des ressources naturelles de l'individu, à chacun de l'exploiter pour y faire épanouir un bouquet d'idées.

2000

COMPAGNON OFFICE

Un objet animé, appelé Compagnon, accompagné d'une bulle jaune contenant une astuce est affiché à l'écran, aussitôt que le logiciel est lancé. Dans Word 2000, le Compagnon est plus discret et occupe moins d'espace à l'écran.

Pour empêcher Word de couper les mots dans une partie du document, sélectionnez le texte, choisissez Format Paragraphes Enchaînements et activez « Sans coupure de mots ».

OK

Cliquer sur **OK** après avoir pris connaissance de l'astuce, car cette dernière est souvent très utile. Le Compagnon Office affiche des conseils relatifs au programme actif à l'écran, ainsi que des conseils en cours de travail. Cliquer sur l'icône du Compagnon pour afficher une série de questions. Parfois, le Compagnon anticipe les besoins de l'utilisateur et suggère des rubriques d'aide sur le travail que ce dernier effectue. Il est également possible de formuler soi-même une demande d'aide dans la case appropriée.

OBTENIR DE L'AIDE AVEC LE COMPAGNON

MARCHE À SUIVRE

Qu'aimeriez-vous faire ?

Tapez votre question ici, puis cliquez sur Rechercher.

Options Rechercher

1. Cliquer sur le Compagnon. Il affiche la bulle suivante:
2. Taper immédiatement la question.
3. Appuyer sur la touche ***Entrée*** ou cliquer sur **Rechercher**. Le Compagnon offre une série de suggestions. Cliquer sur celle qui est appropriée.

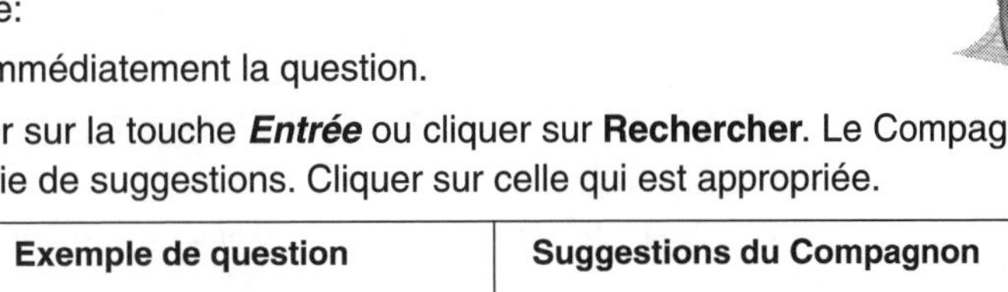

Exemple de question	Suggestions du Compagnon
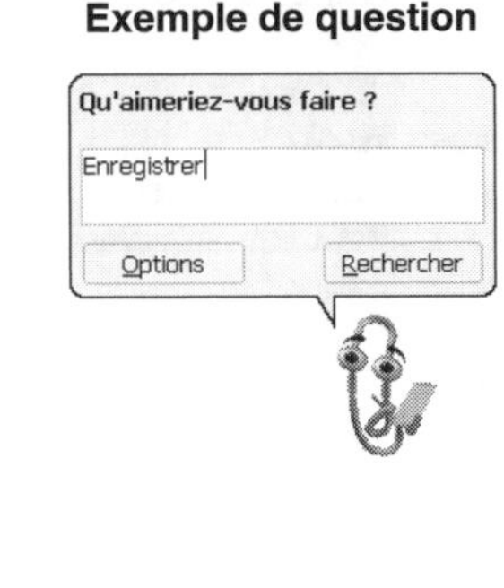	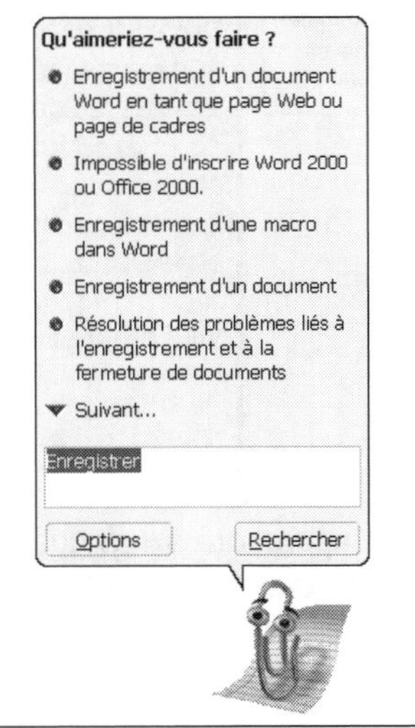

4. Choisir la rubrique appropriée parmi celles proposées.

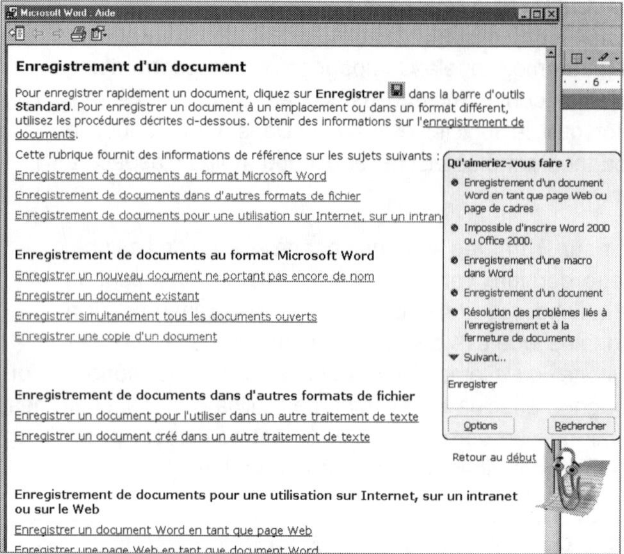

2000

La navigation dans l'aide est similaire à celle dans Internet. Il suffit de cliquer sur le titre d'une rubrique (en couleur et soulignée) pour y accéder immédiatement.

Pour apprendre à naviguer à l'intérieur de cette fenêtre, voir la rubrique suivante: *Obtenir de l'aide sans le Compagnon*.

Obtenir de l'aide sans le Compagnon

Pour obtenir de l'aide sans le Compagnon Office, celui-ci doit être désactivé. Pour ce faire, cliquer sur le Compagnon avec le bouton droit de la souris et choisir **Options**, puis cliquer sur l'onglet **Options** et désactiver en cochant la case **Utiliser le Compagnon Office**.

Marche à suivre

1. Appuyer sur la touche ***F1*** ou dérouler le menu **?** (**Aide**) et cliquer sur **Aide sur Microsoft Word**.

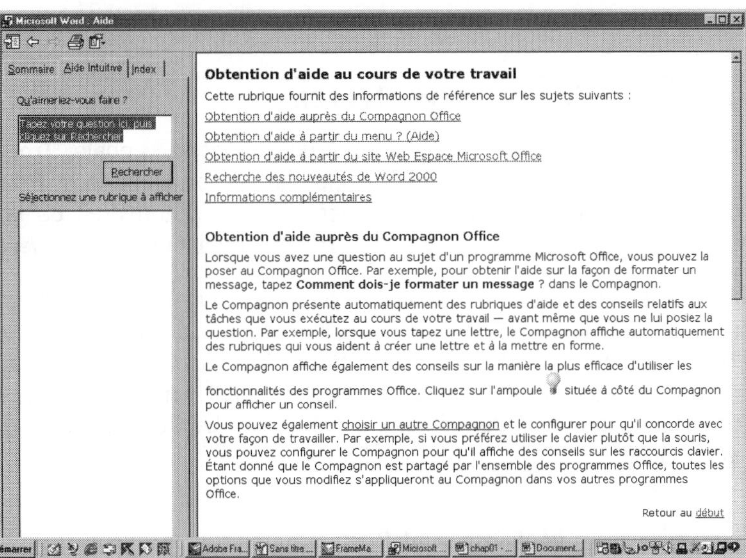

2. Cliquer sur le bouton **Afficher** pour visualiser les onglets **Sommaire, Aide intuitive** et **Index** lorsqu'ils ne sont pas visibles.

   Cliquer sur l'onglet **Sommaire** pour afficher la table des matières de l'aide.

   Cliquer sur l'onglet **Aide intuitive** pour taper une question.

   Cliquer sur l'onglet **Index** pour rechercher des mots ou des expressions spécifiques ou les sélectionner dans une liste de mots clés. On peut contrôler la liste des rubriques trouvées en ajoutant ou en supprimant des mots clés d'une recherche. De cette façon, on peut réduire l'étendue d'une recherche jusqu'à ce que seuls les rubriques et les mots clés les plus appropriés s'affichent dans la liste.

3. Sélectionner la rubrique appropriée.

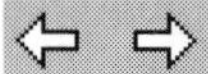

Vous pouvez toujours accéder à une rubrique précédente ou suivante à l'aide des boutons (flèches) ***En arrière*** *et* ***En avant****.*

4. Cliquer sur un des textes soulignés pour obtenir d'autres informations sur le sujet de recherche.

> Vous pouvez également choisir un autre Compagnon et le configurer pour qu'il concorde avec votre façon de travailler. Par exemple, si vous préférez utiliser le clavier plutôt que la souris, vous pouvez configurer le Compagnon pour qu'il affiche des conseils sur les raccourcis clavier. Étant donné que le Compagnon est partagé par l'ensemble des programmes Office, toutes les options que vous modifiez s'appliqueront au Compagnon dans vos autres programmes Office.

CHOISIR UN COMPAGNON OFFICE

Par défaut, *Microsoft Office* affiche un trombone, appelé **Trombine**, qui se contorsionne de manière différente selon la fonction demandée. Pour visionner les différentes formes d'animation, cliquer avec le bouton droit de la souris sur le Compagnon, puis cliquer sur **Animer**. Répéter autant de fois que nécessaire.

Microsoft Office offre la possibilité de choisir un autre Compagnon parmi les suivants: Bille de Clown, MecanOffice, Professeur Génial, Logo Office, Mère Nature, Tifauve et Toufou (certains ne sont pas disponibles si l'installation n'est pas complète). Attention, certains Compagnons sont plus actifs que d'autres et prennent, par conséquent, plus de mémoire à l'utilisation. Le Compagnon Logo Office est le moins actif.

MARCHE À SUIVRE

1. Cliquer sur la fenêtre du Compagnon avec le bouton droit de la souris.

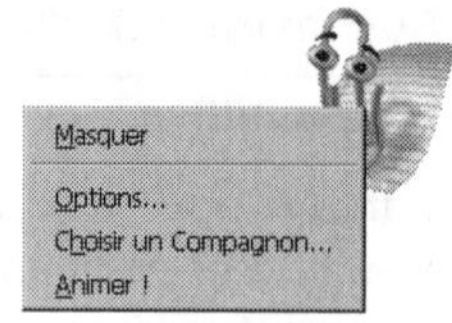

2. Cliquer sur **Choisir un Compagnon**. Une boîte de dialogue apparaît.

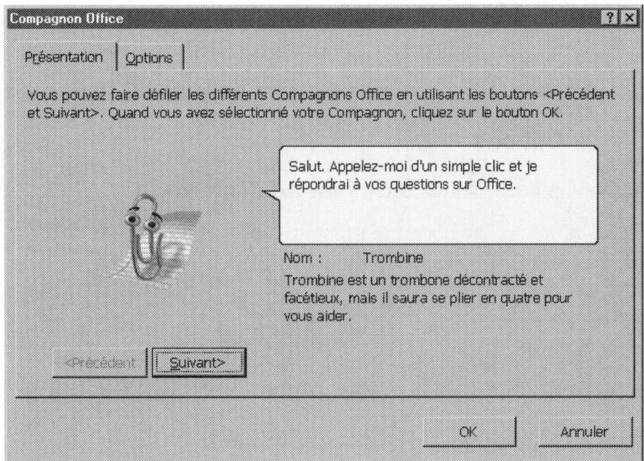

3. Cliquer sur **Suivant** ou **Précédent,** jusqu'à ce que le Compagnon souhaité s'affiche. Cliquer sur **OK**.

Si vous avez accès à Internet, vous pouvez télécharger des Compagnons supplémentaires à partir du site Web Microsoft Office.

Déplacer le Compagnon

En principe, le Compagnon ne devrait pas gêner l'utilisateur en cours de travail. Il se déplace généralement pour laisser la place au texte inséré. Cependant, s'il devient gênant, le faire glisser vers un autre emplacement.

Vous pouvez également afficher ou masquer le Compagnon.

Afficher le conseil du jour

Chaque fois qu'un programme Office est lancé, le Compagnon offre une astuce ou un conseil du jour. Si cette astuce n'apparaît pas, activer la case **Astuce du jour au démarrage**.

Marche à suivre

1. Cliquer avec le bouton droit de la souris sur le Compagnon.
2. Choisir **Options**.
3. Activer la case **Astuce du jour au démarrage**.

QUESTIONS DE RÉVISION

1. **Quel est le raccourci clavier pour enregistrer un document?**

    a. Ctrl+S

    b. Ctrl+D

    c. Ctrl+E

2. **Comment sélectionner une ligne de texte?**

    a. Double-cliquer sur un mot

    b. Pointer et cliquer à gauche de la ligne avec la souris

    c. Ctrl et cliquer

3. **Quel est le raccourci clavier pour sélectionner tout un document?**

    a. Ctrl+T

    b. Ctrl+A

    c. Ctrl+S

4. **Quel outil permet de reproduire une mise en forme?**

    a. Ciseau

    b. Disquette

    c. Pinceau

5. **Quelles touches de raccourci permettent de passer de la majuscule à la minuscule et vice versa et de mettre la première lettre en majuscule?**

    a. Maj+F3

    b. Ctrl+F3

    c. Alt+F3

6. **Combien d'éléments le Presse-papiers peut-il contenir?**

    a. 1

    b. 3

    c. 12

    d. 8

Réponses en annexe

L'IMPRESSION

Objectif général

Gérer une impression.

Objectifs spécifiques

Être en mesure:

- ✓ de visualiser le document en utilisant les outils de la boîte **Aperçu avant impression**;
- ✓ de vérifier la mise en page;
- ✓ d'imprimer une partie du document;
- ✓ d'imprimer tout le document.

VISUALISER LE DOCUMENT AVANT DE L'IMPRIMER

Avant d'imprimer, il est préférable de vérifier la mise en forme du document afin d'y effectuer des modifications, si nécessaire.

APERÇU AVANT IMPRESSION

Cette fonction affiche le document en mode Page et en taille réduite. Elle permet de voir le texte dans son ensemble tel qu'il sera à l'impression, et ce, sans les marques de paragraphes mais avec la pagination, les marges, les notes de bas de page, les en-têtes, etc. De plus, vous pouvez y effectuer directement des modifications avant de l'imprimer.

MARCHE À SUIVRE

1. Cliquer sur l'icône **Aperçu avant impression**, ou appuyer sur ***Ctrl+F2***, ou dérouler le menu **Fichier** et activer la commande **Aperçu avant impression** pour afficher le document tel que démontré ci-dessous:

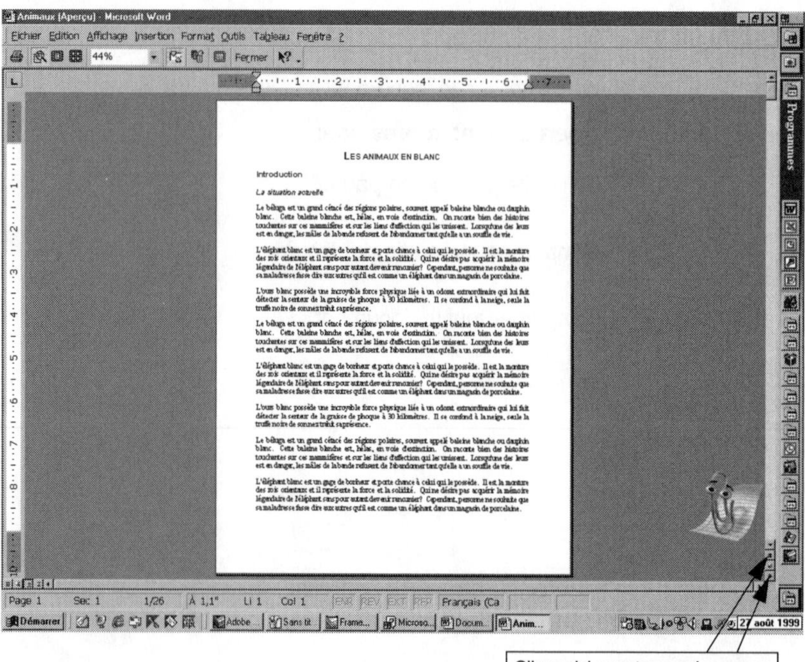

Cliquer ici pour tourner les pages

Pour tourner les pages, comme celles d'un livre, cliquer dans la barre de défilement, au-dessus ou au-dessous du curseur de défilement, ou sur les flèches de la barre de défilement selon que l'on veuille aller vers les pages précédentes (flèche vers le haut) ou vers les pages suivantes (flèche vers le bas).

Cependant, la manière la plus simple de tourner les pages est d'utiliser les raccourcis clavier suivants: ***Page bas*** affiche la page suivante tandis que ***Page haut*** affiche la page précédente. Cette façon de procéder tourne deux pages à la fois, si le document est en page en vis-à-vis et qu'il est affiché en mode deux pages (voir le tableau qui suit pour l'utilisation des boutons et leur mode d'affichage).

Les flèches de la barre de défilement vertical tournent aussi les pages vers la page suivante ou la page précédente, selon le cas.

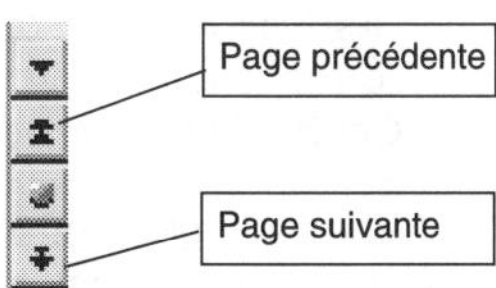

Les icônes et leurs caractéristiques	
Imprimer	Imprime tout le document. Une fois terminée la vérification du document, vous pouvez imprimer directement à partir de l'**Aperçu avant impression.** Cliquer sur le bouton de l'imprimante.
Loupe	Permet de grossir une partie du document pour mieux le visualiser. 1. Cliquer sur le bouton de la loupe si elle est inactive. 2. Positionner la loupe sur la partie du document qui doit être agrandie. Le signe + est inscrit au milieu de la loupe. 3. Cliquer. Le signe - (moins) est maintenant inscrit au milieu de la loupe. Cliquer de nouveau dans le document pour revenir à l'affichage de la page entière. 4. Cliquer sur le bouton de la loupe pour la désactiver et obtenir le pointeur standard pour être en mesure d'effectuer des modifications directement en **Aperçu avant impression.**
Afficher une page	Affiche une page à la fois. L'affichage d'une seule page est utile pour mieux visualiser un document de grande dimension.

Afficher plusieurs pages	Affiche deux ou plusieurs pages à l'écran. Cette fonction est utile pour visualiser la disposition du texte, des en-têtes, des pieds de page et des graphiques dans un long document. 1. Cliquer sur le bouton et glisser le pointeur sur l'icône qui représente l'affichage désiré. 2. La disposition des pages s'inscrit au bas de la série d'options. Maintenir le bouton de la souris enfoncé pour glisser d'une option à l'autre et relâcher lorsque l'affichage voulu est sélectionné.
40% **Zoom**	Augmente ou réduit la dimension de la page à l'écran de manière à ce que vous puissiez visionner les détails ou l'ensemble du document. 1. Dérouler le menu local en cliquant sur la flèche correspondante. 2. Choisir l'affichage voulu.
Afficher règles	Affiche les règles horizontale et verticale. Cette fonction permet de redimensionner les marges, de modifier les retraits, les paragraphes imbriqués, etc. 1. Cliquer sur l'icône pour afficher la règle. 2. Sur la règle, positionner le pointeur de la souris sur les marques de marge et glisser la marge à l'endroit voulu. Une ligne pointillée indique la position de la marge. 3. Cliquer de nouveau sur le bouton de la règle pour la dissimuler.
Ajuster	Réduit la taille du caractère pour éviter qu'une petite portion de texte ne figure sur la dernière page. Cette option est très utile lorsqu'une ou deux lignes d'une lettre s'affichent sur une deuxième page (par exemple, la signature). Dans ce cas, le bouton **Ajuster** permet de redimensionner le texte afin qu'il n'occupe qu'une page.
Plein écran	Cache tous les éléments de l'écran, sauf ceux appartenant à la boîte de **Aperçu avant impression**, afin de permettre au document d'occuper le plus d'espace possible.
Fermer	Ferme la boîte de dialogue de l'**Aperçu avant impression** (***Ctrl+F2*** ou ***Échap***).
Aide	Aide en ligne sur les éléments de l'**Aperçu avant impression**.

Exercice

Cet exercice initie l'utilisateur aux fonctions de l'**Aperçu avant impression**.

1. Récupérez le document «**Créativité 2**».
2. Enregistrez-le sous «**Document long**».
3. Sélectionnez tout le document (***Ctrl+A***).
4. Copiez-le et collez-le plusieurs fois à la suite l'un de l'autre, de manière à créer au moins 10 pages.
5. Accédez à l'**Aperçu avant impression** et faites les vérifications nécessaires.
6. Visualisez une seule page à la fois, puis plusieurs.
7. Vérifiez les détails en utilisant la loupe.
8. Tournez les pages.

IMPRESSION D'UN DOCUMENT

Avant d'imprimer, il est recommandé d'enregistrer le document. De cette manière, si une erreur d'impression survenait, les dernières modifications du document seraient enregistrées.

Ensuite, il est important de s'assurer que la bonne imprimante a été sélectionnée à partir du menu **Fichier** et de la commande **Imprimer**. Le nom de l'imprimante est inscrit dans la zone **Imprimante**.

*Le bouton **Imprimer**, de la barre d'outils, imprime tout le document sans ouvrir, au préalable, la boîte de dialogue **Imprimer**.*

MARCHE À SUIVRE

1. Dérouler le menu **Fichier** et activer l'article **Imprimer** ou taper ***Ctrl+P***. Une boîte de dialogue apparaît.

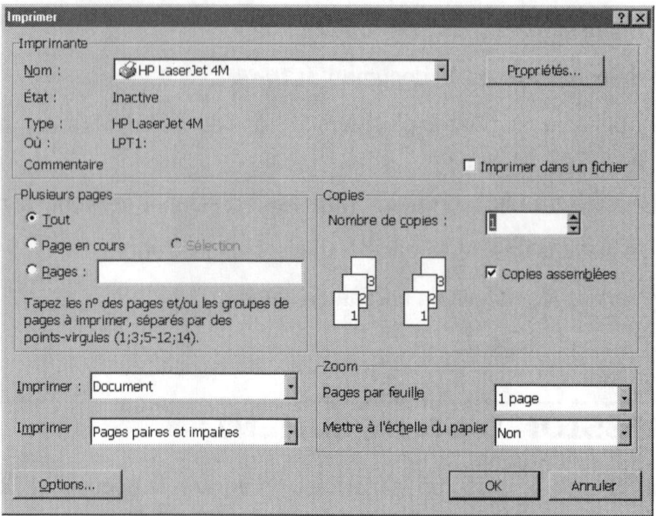

2. Choisir les options qui conviennent. Word offre la possibilité d'imprimer tout le document, quelques pages du document, qu'elles soient consécutives ou non, seulement la page dans laquelle est inséré le point d'insertion ou encore un texte sélectionné.

   Si une partie du texte est sélectionnée, cliquer sur la case **Sélection**. Ainsi, seule la partie sélectionnée sera imprimée. Cette option est utile pour imprimer un tableau, un graphique, ou un texte qui s'inscrit sur deux pages.

3. Taper le nombre de copies à imprimer dans la case appropriée (**Nombre de copies**). S'assurer que le mot **document** apparaît dans la case **Imprimer**.

4. Choisir les autres options de la boîte de dialogue **Imprimer** (voir la rubrique suivante, *Éléments de la boîte d'impression*).

5. Cliquer sur le bouton **OK**.

ÉLÉMENTS DE LA BOÎTE D'IMPRESSION

Imprimante

Dans la zone **Imprimante** de la boîte de dialogue **Imprimer**, Word inscrit le nom de l'imprimante sélectionnée. Si cette imprimante ne convient pas, choisir une autre imprimante (à la condition que d'autres imprimantes soient installées).

MARCHE À SUIVRE

1. Dérouler le menu local de la zone **Imprimante**.

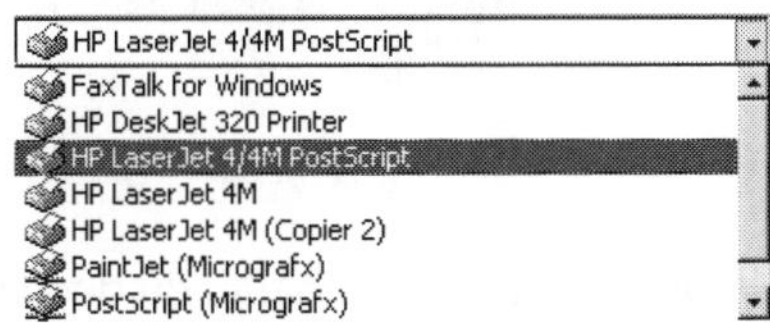

2. Choisir l'imprimante qui convient et cliquer sur le bouton **OK**.

Pour que cette option soit applicable, il est nécessaire que l'imprimante sélectionnée soit branchée à l'ordinateur.

Plusieurs pages

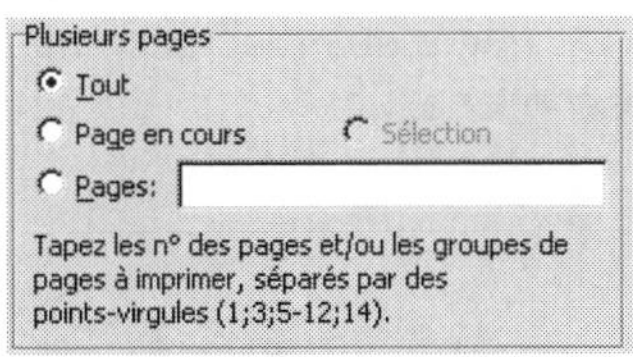

Tout – toutes les pages du document.

Page en cours – la page où se situe le point d'insertion seulement.

Sélection – le texte sélectionné (un tableau, un ou plusieurs paragraphes, un graphique, etc.).

Pages – une ou plusieurs pages, qu'elles soient consécutives ou non. Pour imprimer des pages non consécutives, les séparer par un point-virgule; pour imprimer des pages consécutives, les séparer par un tiret. Par exemple, pour imprimer les pages 1, 3, 4, 5, 6, 9, 11, taper 1;3-6;9;11.

Imprimer

En plus du document, Word offre la possibilité d'imprimer une feuille de styles (**Styles**), les entrées de texte automatiques (**Insertions automatiques**), etc.

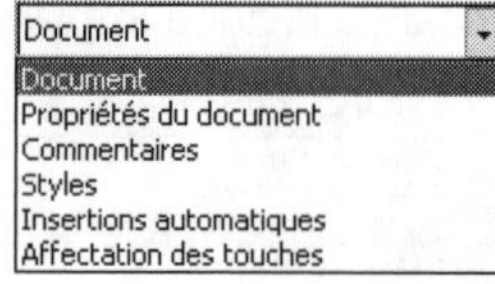

- **Document** – le document ou une partie du document.
- **Propriétés du document** – les informations inscrites dans la boîte de dialogue **Propriétés** du menu **Fichier**.
- **Commentaires** – les informations des réviseurs de texte ou des auteurs que Word inscrit dans un volet différent.
- **Styles** – le nom et la description de chacun des styles du document.
- **Insertions automatiques** – les entrées de texte automatiques du document et celles des autres documents (voir *Insertion automatique*, page 140).
- **Affectation des touches** – les raccourcis clavier créés pour le document en cours ainsi que les noms des macrocommandes, leurs touches clavier respectives et leurs descriptions.

Imprimer

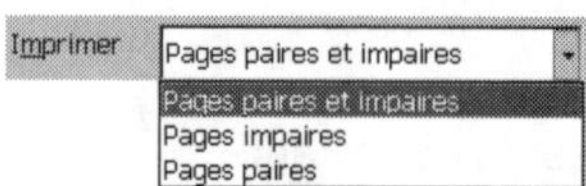

Word offre le choix d'imprimer toutes les pages (**Pages paires et impaires**), les pages impaires (**Pages impaires**) seulement ou les pages paires (**Pages paires**). Cette option est utile dans le cas où vous imprimez un document recto verso (en vis-à-vis).

Copies

Dans la case **Nombre de copies,** inscrire le nombre de copies à imprimer.

Copies assemblées – après avoir inscrit le nombre de copies, imprime les copies en les classant par numéro de page; elles seront ainsi prêtes à agrafer ou à relier dès leur sortie de l'imprimante. Cependant, cette manière de procéder demande plus de mémoire et plus de temps lorsque plusieurs copies d'un long document ont été commandées.

Imprimer dans un fichier

☐ Imprimer dans un fichier

Imprime un document dans un autre fichier, que Word demande de créer, au lieu de le lancer vers l'imprimante. Si votre imprimante ne peut gérer le *PostScript* ou des mises en forme complexes, cette option vous permet de conserver dans un autre fichier le document et ses codes d'impression, afin de le faire imprimer ailleurs.

Zoom

2000

Pages par feuille – imprime 1, 2, 4, 6, 8 ou 16 pages sur une feuille de papier.

Mettre à l'échelle du papier – mise à l'échelle d'un document afin qu'il s'imprime sur du papier de taille inférieure ou supérieure. Sélectionnez le format de la feuille de papier sur laquelle vous voulez imprimer le document. Vous pouvez, par exemple, indiquer qu'un document au format légal soit imprimé sur une feuille au format lettre en réduisant la taille de la police et des graphiques. Cette fonctionnalité est identique à la fonction de réduction/agrandissement d'une photocopieuse.

EXERCICE

Cet exercice familiarise l'utilisateur avec l'impression de la page en cours (celle où est positionné le point d'insertion).

1. Récupérez «**Document long**».
2. Allez à la fin du document (***Ctrl+fin***).
3. Signez votre document.
4. Imprimez la dernière page du document.
5. Enregistrez le document pour ajouter les modifications.

Annuler une impression

Si l'option **Imprimer en arrière-plan** est active, double-cliquer sur l'icône d'imprimante que Word affiche sur la barre d'état. Mais si l'impression est déjà mémorisée par l'imprimante, double-cliquer sur l'icône de la barre des tâches à gauche de l'heure. Ceci a pour effet d'ouvrir le gestionnaire d'impression. Sélectionnez le document et appuyez sur la touche ***Supprimer***. Ou encore, déroulez le menu **Document** et choisissez **Annuler l'impression**.

Vous trouverez ***Imprimer en arrière-plan*** *avec la commande* ***Options*** *du menu* ***Outils****; choisissez l'onglet* ***Impression****. Mais si la boîte de dialogue* ***Imprimer*** *est affichée à l'écran, cliquez sur le bouton* ***Options*** *dans le coin gauche en bas de la boîte pour accéder aux options d'impression.*

Si *Microsoft Office* est installé, vous pouvez afficher le bouton du gestionnaire d'impression sur la barre de titre et ainsi accéder à sa boîte de dialogue pour annuler une impression.

Imprimer une sélection

Marche à suivre

1. Sélectionner le paragraphe, le graphique ou le texte à imprimer.
2. Dérouler le menu **Fichier** et activer l'article **Imprimer** ou taper ***Ctrl+P***.
3. Sélectionner la case **Sélection** dans la zone **Étendue**.
4. Cliquer sur **OK**.

Options d'impression

Le bouton **Options**, situé dans le coin inférieur gauche de la boîte de dialogue **Imprimer**, ouvre une autre boîte de dialogue qui offre différentes options d'impression. Par exemple, si vous désirez imprimer le document en ordre inverse, activez cette fonction; l'impression s'effectuera de la dernière page à la première.

Exercice

Cet exercice familiarise l'utilisateur avec l'impression d'une sélection.

1. Imprimez un paragraphe seulement du document «**Document long**».

QUESTIONS DE RÉVISION

1. **Quel est le raccourci pour accéder à l'Aperçu avant impression?**

   a. Ctrl+F10

   b. Ctrl+F2

   c. Alt+F12

2. **Que faire pour imprimer la page en cours?**

   ____

   ____

   ____

3. **Que faire pour annuler une impression qui a été lancée?**

   ____

   ____

   ____

   ____

Réponses en annexe

Chapitre 3

LA MISE EN FORME

Objectif général

Mettre en forme un document et modifier cette mise en forme.

Objectifs spécifiques

Être en mesure:

- ✓ de modifier les marges et le format de papier;
- ✓ d'appliquer des mises en forme de caractères;
- ✓ de faire une mise en forme de paragraphes;
- ✓ d'utiliser les retraits de paragraphe;
- ✓ d'appliquer des bordures;
- ✓ d'insérer des taquets de tabulation;
- ✓ d'insérer une numérotation de page dans un pied de page.

MISE EN PAGE

Lorsque vous ouvrez un document, vous pouvez commencer à taper immédiatement, car Word utilise une mise en page par défaut. Cette mise en page peut toutefois être modifiée en tout temps. Cependant, il est plus facile de visualiser le résultat si on applique la mise en page dès le début.

Avec un système de traitement de texte, il faut donner au document des paramètres précis. La mise en page comprend les fonctions qui affectent l'apparence d'un document: les marges, l'orientation de la page, la position des en-têtes et des pieds de page, la numérotation des pages, la taille du papier, etc.

MARGES

Les marges déterminent les espaces vides entre le texte et les bords de la feuille. Vous pouvez modifier les marges de gauche, de droite, supérieure et inférieure pour tout le document ou pour une section en particulier.

MARCHE À SUIVRE

1. Dérouler le menu **Fichier** et activer la commande **Mise en page.** Sélectionner l'onglet **Marges**.

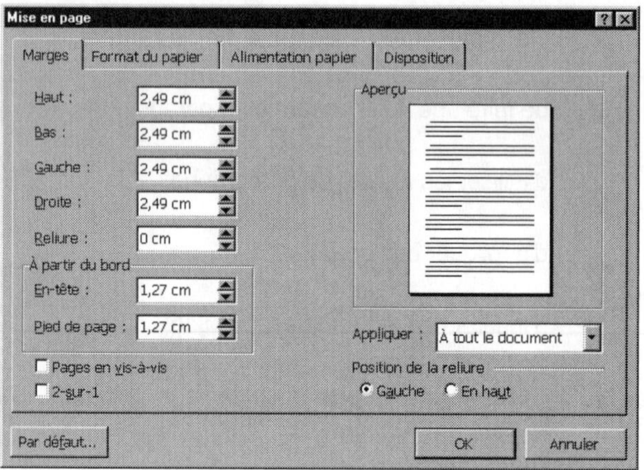

2. Entrer la valeur des marges dans les cases de données correspondant aux marges: **Haut, Bas, Gauche, Droite**; faire une tabulation pour accéder automatiquement à la case suivante.
3. Choisir d'appliquer ces mesures à tout le document ou seulement à une partie du document. Pour un document imprimé recto verso (en vis-à-vis) sous forme

de cahier, activer la fonction **Pages en vis-à-vis**. Dans ce cas, les termes **Gauche** et **Droite** deviennent **Intérieur** et **Extérieur**.

L'option **2 sur 1** imprime la deuxième page d'un document sur la première 2000 page. Lorsque cette case à cocher est activée, la page est imprimée de manière à ce qu'elle soit pliée en deux comme dans un bloc-notes.

4. Ajouter une mesure pour la marge de reliure afin de relier le document avec une spirale sans affecter l'espace visible autour du texte. Une marge de reliure permet de s'assurer que le texte n'est pas masqué par la reliure.

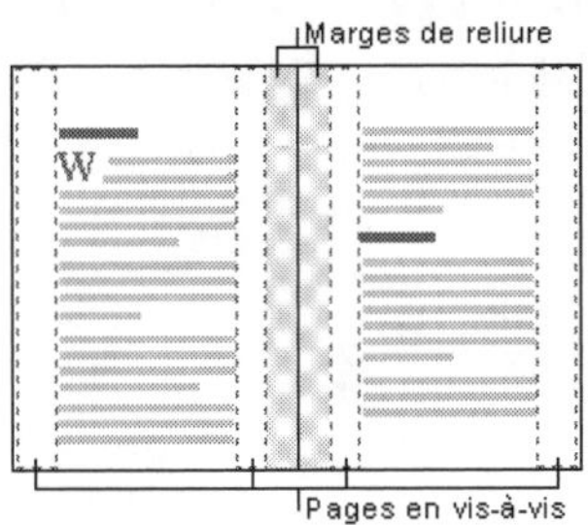

5. Cliquer sur **OK** pour revenir au document.

*La zone **À partir du bord** sert à insérer une mesure pour déterminer l'emplacement des **En-têtes** et **Pieds de page** à partir des bords supérieur et inférieur de la feuille. Cette mesure est généralement faite en fonction de l'imprimante. Une imprimante portable demande généralement plus d'espace qu'une imprimante au laser. Si les En-têtes et Pieds de page ne s'impriment pas, augmenter l'espace de cette zone.*

FORMATS DU PAPIER ET SON ORIENTATION

MARCHE À SUIVRE

1. Dérouler le menu **Fichier** et activer la commande **Mise en page**. Sélectionner l'onglet **Format du papier**.

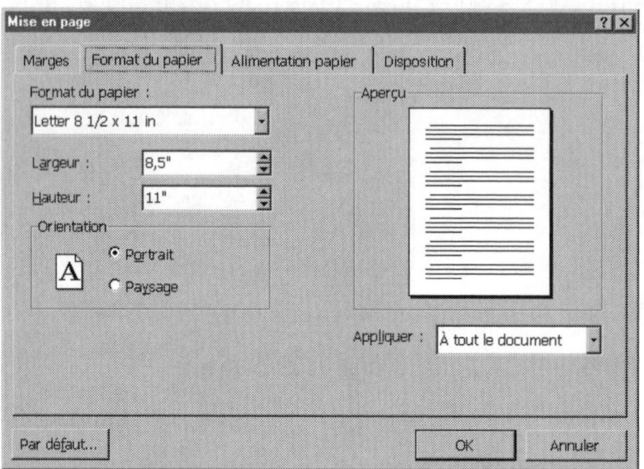

2. Dérouler le menu **Format de papier** et choisir la taille du papier.
   Ex.: Lettre (8 1/2 po x 11 po) ou Légal (8 1/2 po x 14 po)
   Format A4 (210 x 297 mm) ou B5 (182 x 257 mm).
3. Choisir l'orientation du papier: **Portrait** ou **Paysage**.

   Dans la zone **Aperçu**, Word illustre les effets produits par chacune des options.

   En cliquant sur le bouton **Par défaut**, les paramètres choisis seront appliqués sur tous les nouveaux documents créés.

EXERCICE

Cet exercice demande à l'utilisateur de modifier la mise en page d'un document.

1. Ouvrez un nouveau document.
2. Modifiez les marges et l'orientation.
3. Fermez sans enregistrer.

MISE EN FORME À L'AIDE DU MENU FORMAT

Les mises en forme les plus utilisées sont accessibles à partir des boutons des barres d'outils *Standard* et *Mise en forme*. Cependant, les options du menu **Format** permettent d'appliquer davantage de mises en forme ou d'attributs au texte. Voyons en détail deux de ces boîtes de dialogue.

POLICE

Pour apporter des spécifications à un texte ou à une partie de texte, la boîte de dialogue **Police** du menu **Format** offre la possibilité d'insérer plusieurs attributs simultanément. De plus, la zone **Aperçu** applique la police de caractères et ses mises en forme, ce qui permet de mieux évaluer le résultat final des options choisies.

MARCHE À SUIVRE

1. Dérouler le menu **Format** et activer la commande **Police**.

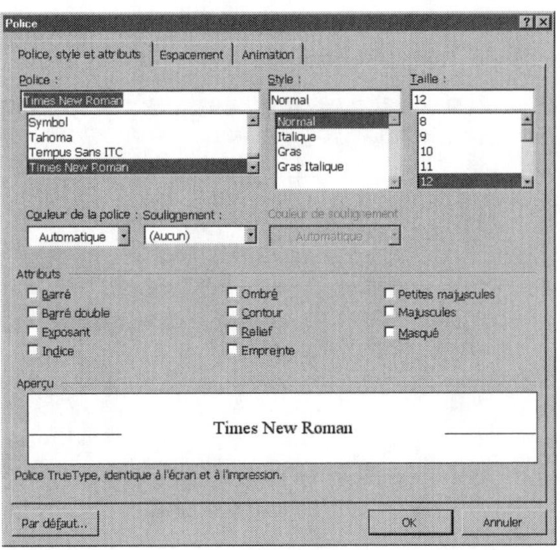

*Dans une boîte de dialogue, cliquer sur le bouton **Par défaut**, pour que les options sélectionnées soient celles de tous les nouveaux documents. Les documents qui sont déjà enregistrés gardent leurs attributs.*

2. Sélectionner une ou plusieurs options proposées sous l'onglet **Polices, style et attributs**:

   - la police de caractères et sa taille en points;
   - un soulignement, gras, italique, etc.;
   - dans la zone **Style**, cliquer sur la case correspondant au style de caractère désiré.

*Les fonctions **Exposant (Ctrl+Maj.+=)** et **Indice (Ctrl+=)** de la zone **Attributs** permettent de placer un caractère qui a été préalablement sélectionné en exposant (2e) ou en indice ($H_2 0$).*

Espacement et position des caractères

MARCHE À SUIVRE

1. Sélectionner l'onglet **Espacement**.

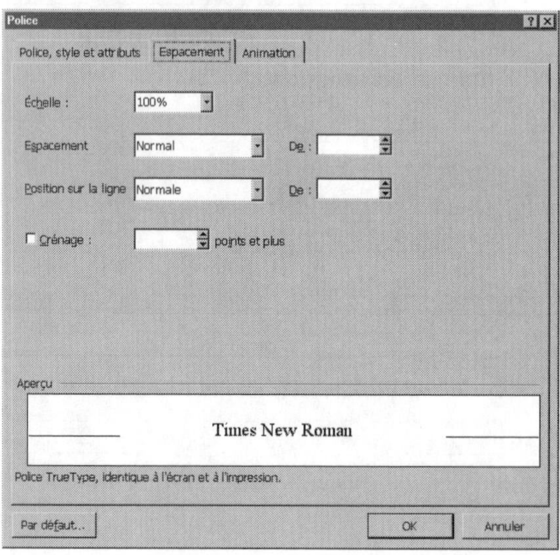

2. Choisir les options qui conviennent.

   Échelle

   Cette fonction modifie la largeur même du caractère.

Espacement

Cette fonction permet d'augmenter ou de diminuer l'espace entre les lettres et les mots d'un texte pour en varier la présentation.

Position sur la ligne

Cette fonction élève (**Décalage haut**) ou abaisse (**Décalage bas**) le texte sélectionné par rapport à une ligne imaginaire de base. Elle est surtout utile pour modifier la position d'un texte; par exemple, dans un formulaire où une portion de texte doit s'insérer à un endroit précis. Par défaut, Word insère 3 points, mais vous pouvez augmenter ou diminuer cette mesure dans la case correspondante: **De**.

MARCHE À SUIVRE

1. Sélectionner le texte.
2. Dérouler le menu **Format** et activer la commande **Police**.
3. Choisir l'onglet **Espacement**.
4. Cliquer sur la flèche de la case **Espacement,** sélectionner **Condensé** ou **Étendu** et taper les mesures requises dans la case correspondante pour obtenir l'effet désiré (par défaut, Word inscrit un point pour un effet étendu et un point également pour un espacement condensé).
5. Cliquer sur le bouton **OK**.

72 points = 1 pouce (environ 2,5 cm).

Effet d'animation

Ici Word nous offre des effets intéressants pour les documents destinés principalement à la lecture à l'écran, à créer une page Web ou à être envoyés par courrier électronique. Il s'agit de divers effets d'animation à l'écran.

MARCHE À SUIVRE

1. Sélectionner le texte.
2. Dérouler le menu **Format** et activer la commande **Police**.

3. Choisir l'onglet **Animation.**

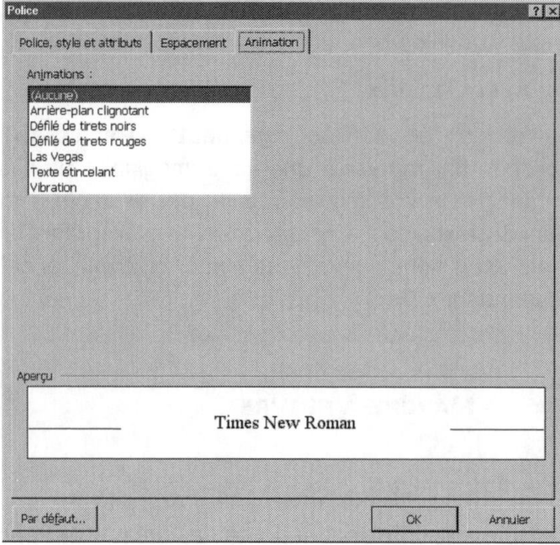

4. Choisir l'un des effets proposés. L'aperçu affiche le résultat de l'option choisie.
5. Cliquer sur le bouton **OK**.

Mise en forme et raccourcis clavier

Avec la boîte de dialogue **Polices**, vous pouvez choisir plusieurs mises en forme en même temps. Les touches du clavier et la barre de mise en forme offrent également la possibilité d'activer rapidement les fonctions de gras, italique, souligné, centré, etc., au fur et à mesure que vous tapez le texte.

MARCHE À SUIVRE

1. Sélectionner le texte; s'il s'agit d'un seul mot, positionner le point d'insertion sur le mot.
2. Activer la fonction requise à l'aide du bouton de la barre des mises en forme ou du raccourci clavier.

Pour connaître les raccourcis clavier correspondant à chacun des boutons des barres d'outils, cliquer sur une barre d'outils avec le bouton droit de la souris et

*activer la commande **Personnaliser**. Sélectionner l'onglet **Options** et activer l'option **Afficher les touches de raccourci dans les Info-bulles**.*

3. Taper le texte.
4. Désactiver la fonction à l'aide du bouton ou du raccourci et continuer à taper ou appuyer sur ***Ctrl+Barre d'espacement***.

*Pour annuler une mise en forme de caractères et revenir au caractère par défaut du paragraphe, appuyer sur **Ctrl+Barre d'espacement**. Cette option est utile dans les cas où des attributs sont appliqués tels que le gras, l'italique, un exposant, etc., et pour continuer à saisir le texte normalement.*

Modifier la casse

La casse est un terme typographique qui définit la majuscule ou la minuscule: les bas de casse représentent les minuscules, les hauts de casse, les majuscules.

MARCHE À SUIVRE

1. Sélectionner le texte à modifier.
2. Dérouler le menu **Format** et activer la commande **Modifier la casse**. Une boîte apparaît.

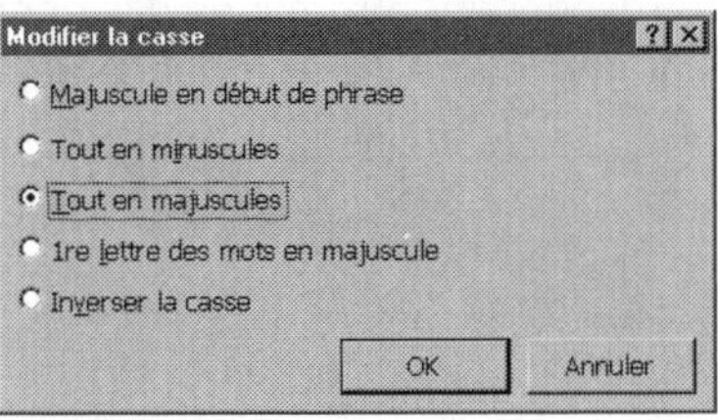

3. Sélectionner l'option qui convient et cliquer sur le bouton **OK**.

PARAGRAPHE

La boîte de dialogue **Paragraphe** du menu **Format** permet de contrôler, de façon très précise, certains paramètres du paragraphe tels que l'espace avant et après le paragraphe, l'interligne, les retraits, etc.

MARCHE À SUIVRE

1. Dérouler le menu **Format** et activer la commande **Paragraphe**.

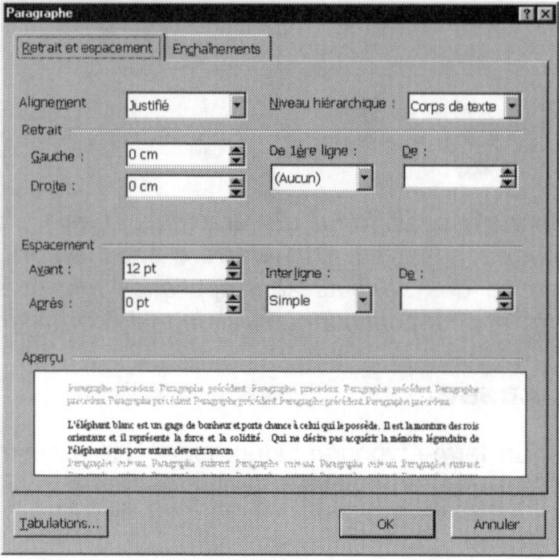

2. Sélectionner l'onglet **Retrait et espacement** si nécessaire.

Retrait et espacement

Alignement

Les alignements correspondent aux icônes d'alignement de paragraphe situées sur la barre de mise en forme: centré, droit, gauche et justifié.

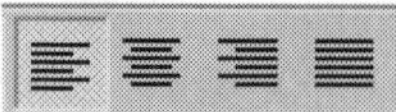

Retrait

Cette section offre la possibilité d'insérer, en une seule opération, des mesures précises concernant les retraits de paragraphe. Elles correspondent exactement aux retraits effectués avec les marques de paragraphe sur la règle. Au lieu de glisser les marques de retrait situées sur la règle, tapez les mesures dans les cases appropriées. Ces espaces de retrait s'ajoutent aux espaces des marges déjà établis dans la boîte de dialogue **Mise en page**.

Espacement

Dans cette zone, vous pouvez contrôler les espaces entre les paragraphes et ceux entre les lignes d'un même paragraphe.

- **Avant** et **Après**

  Ces cases attendent des unités de mesure pour gérer l'espace que vous désirez avant ou après un paragraphe. Par exemple, pour obtenir un titre ayant 1,25 cm (1/2 po) d'espacement au-dessus, entrer 36 (1 po = 72 points).

*Un espacement avant de 12 points correspond à une ligne vide précédant le paragraphe et est effectué automatiquement par le raccourci **Ctrl+0**.*

- **Interligne**

  L'interligne est l'espace entre les lignes d'un paragraphe.

  - **Simple** correspond à un peu plus que le nombre de points du caractère en cours.
  - **1,5 ligne** correspond à une fois et demie l'interligne simple.
  - **Double** multiplie l'interligne simple par environ deux fois sa valeur en points.
  - **Au moins** indique un interligne minimum requis; dans ce cas, la case correspondante: **De** demande une mesure en points.
  - **Exactement** insère un interligne qui équivaut exactement à la valeur insérée dans la case des mesures.
  - **Multiple** augmente ou diminue l'interligne selon le pourcentage précisé. Par exemple, si la mesure insérée est de 1,2, l'interligne sera augmenté de 20 % et une mesure de 0,8 diminuera cet interligne de 20 %. Un multiple de 2 est donc équivalent à l'interligne double.

Quelle que soit la mesure inscrite dans les cases, vous pouvez y insérer celle de votre choix et Word la convertira. Par exemple, pour ajouter une ligne avant un paragraphe, même si la mesure de cette option est en points, vous pouvez y inscrire 1 li. Tapez la mesure puis l'abréviation: li pour ligne, cm pour centimètre, po pour pouce et pt pour point.

Enchaînements

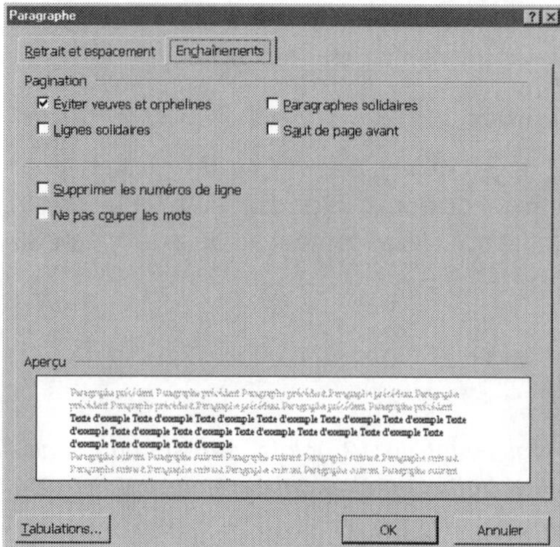

- **Éviter veuves et orphelines** – Word active cette option par défaut afin d'éviter que la première ligne d'un paragraphe ne s'imprime seule au bas de la page ou que la dernière ne s'imprime seule en haut d'une page.

- **Lignes solidaires** – conserve sur une même page toutes les lignes d'un même paragraphe. Si le paragraphe ne peut s'insérer entièrement sur une page, il sera automatiquement reporté sur la suivante.

- **Paragraphes solidaires** – empêche l'insertion d'un saut de page entre le paragraphe dans lequel on active cette fonction et le paragraphe suivant. Ceci est utile pour éviter qu'un titre ou un sous-titre ne se retrouve seul au bas d'une page, tandis que le texte correspondant s'imprime sur la page suivante.

- **Saut de page avant** – cette option s'applique lorsqu'un titre doit nécessairement s'imprimer en haut d'une page (***Ctrl+Entrée***).

EXERCICE

Cet exercice demande d'apporter des modifications aux formats de caractères et de paragraphes.

1. Fermez le document «**Créativité 1**» s'il est ouvert et ouvrez-le comme copie (**Ouvrir une copie**). Ceci vous permet de créer un deuxième document que Word nomme **Copie de Créativité 1.**

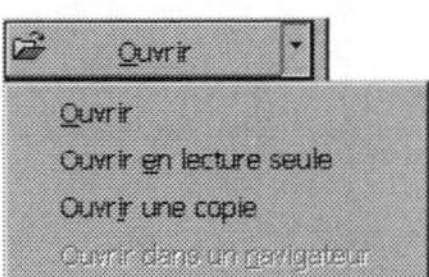

2. Apportez les modifications suivantes en utilisant le menu **Format**. N'oubliez pas d'enregistrer le document avec les modifications.

Titre:

- gras et majuscules;
- taille à 18 points;
- caractères Arial;
- étendu de 3 points;
- espace avant 36 points et après 18 points.

Premier paragraphe:

- justifié;
- interligne de 1,5.

RETRAITS DE PARAGRAPHE

Les retraits permettent de modifier temporairement la position des marges d'un ou de plusieurs paragraphes sans affecter le reste du document. Ils sont utiles pour mettre en retrait des citations, des énumérations, etc.

Les marques de retrait, en forme de triangle et situées sur la règle, contrôlent la largeur des retraits de gauche et de droite.

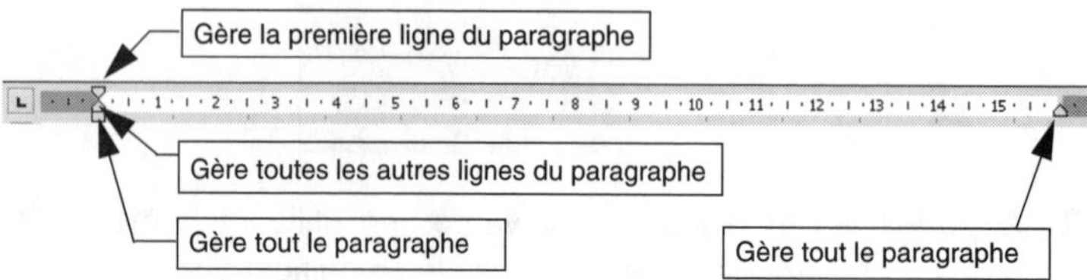

Celle de gauche se divise en trois: elle permet de créer un retrait de première ligne (alinéa) ou extérieur (passe-marge) à gauche du paragraphe.

Il suffit de se rappeler que le triangle supérieur gère la première ligne d'un paragraphe, que le triangle inférieur contrôle toutes les autres lignes du même paragraphe et que le carré au-dessous des triangles déplace les deux triangles à la fois.

Celle de droite permet simplement d'effectuer un retrait intérieur ou extérieur à droite du paragraphe.

RETRAIT DE PREMIÈRE LIGNE

Dans un alinéa, la première ligne du paragraphe est décalée vers la droite par rapport aux autres lignes du paragraphe.

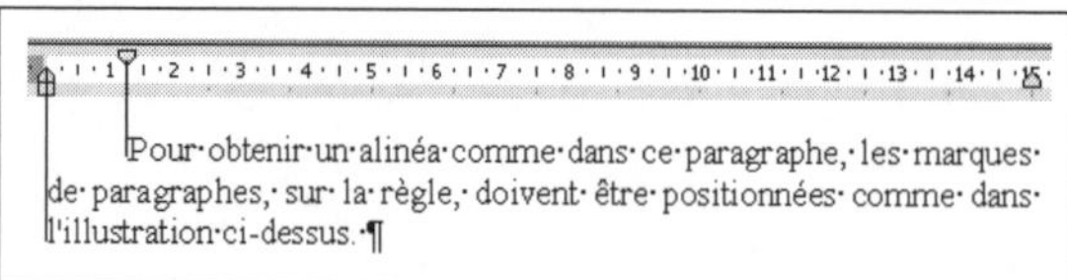

MARCHE À SUIVRE

1. Placer le point d'insertion à l'intérieur du paragraphe ou sélectionner plusieurs paragraphes.
2. Positionner le pointeur de la souris sur le triangle supérieur de la marque de retrait gauche et le glisser vers la droite pour créer un alinéa.

*Ainsi, à chaque nouveau retour de paragraphe, Word gère l'alinéa automatiquement sans que l'utilisateur ait à faire une tabulation. On peut également utiliser la fonction **Cliquer-taper** pour créer un retrait de première ligne. Dans ce cas, il positionne un taquet de tabulation à l'endroit où on a double-cliqué.*

*La fonctionnalité **Cliquer-taper** peut être utilisée pour créer un retrait de première ligne.*

Pour créer un retrait avec plus de précision

MARCHE À SUIVRE

1. Dérouler le menu **Format** et sélectionner la commande **Paragraphe.**
2. Choisir **Retrait et espacement.**
3. Dérouler le menu local **De 1ère ligne** et cliquer sur **Positif.**

4. Inscrire la mesure requise dans la case **De.** L'aperçu permet de visualiser le résultat des choix effectués.

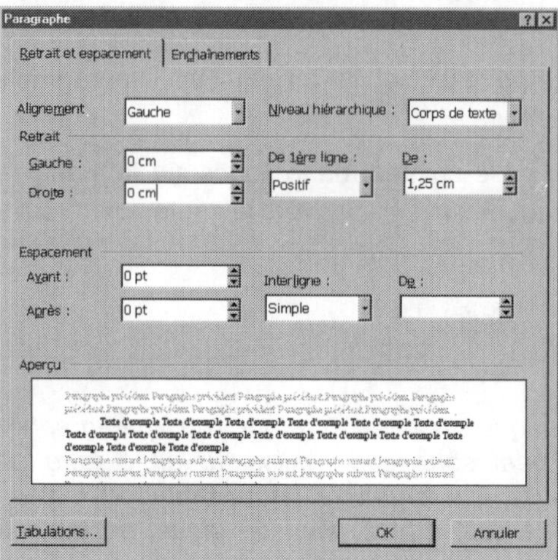

5. Cliquer sur le bouton **OK**.

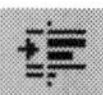

Retrait gauche d'un paragraphe

Il suffit de cliquer une fois sur le bouton **Augmenter le retrait** (***Ctrl+R***) de la barre d'outils pour décaler le paragraphe vers la droite; il s'aligne automatiquement sur la première tabulation prédéfinie. Un deuxième clic aligne le paragraphe sur la deuxième tabulation prédéfinie et ainsi de suite (voir la rubrique *Tabulations*, page 89).

*L'emplacement des **Taquets par défaut** est géré à partir de la boîte de dialogue **Tabulations** du menu **Format**.*

Marche à suivre

1. Placer le point d'insertion à l'intérieur du paragraphe ou sélectionner plusieurs paragraphes.

2. Cliquer sur l'icône du retrait de paragraphe ou appuyer sur ***Ctrl+R***; le retrait s'alignera à la première tabulation prédéfinie à la commande **Tabulations** du menu **Format** (**Taquets par défaut**).

Pour annuler le retrait de paragraphe: appuyer sur la touche ***Retour arrière*** (lorsque le point d'insertion est au début du paragraphe) ou taper ***Ctrl+Maj+M*** ou cliquer sur l'icône de l'annulation du retrait.

Il est également possible de positionner le pointeur de la souris sur le rectangle de base de la marque de retrait gauche et de le glisser vers la droite, sur la règle, pour obtenir un retrait à l'endroit voulu.

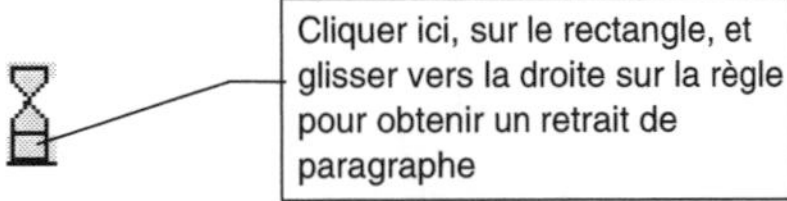
Cliquer ici, sur le rectangle, et glisser vers la droite sur la règle pour obtenir un retrait de paragraphe

Définir un retrait gauche à l'aide de la touche TAB

MARCHE À SUIVRE

1. Positionner le point d'insertion au début de la première ligne d'un paragraphe pour mettre en retrait la première ligne de ce paragraphe. Pour mettre en retrait tout le paragraphe, positionner le point d'insertion devant une ligne à l'exception de la première.
2. Appuyer sur la touche ***Tab***.

*Pour mettre en retrait un paragraphe à l'aide de la touche Tab, l'option **TAB et RET. ARR. définissent les retraits à gauche** doit être activée. Cette option est activée à partir du menu **Outils** et de la commande **Options**, puis de l'onglet **Édition**.*

RETRAIT DROIT D'UN PARAGRAPHE

Comme nous l'avons vu précédemment, il est possible d'obtenir un paragraphe décalé à gauche. Vous pouvez également imbriquer le même paragraphe à gauche et à droite en même temps ou à droite seulement.

Marche à suivre

1. Placer le point d'insertion à l'intérieur du paragraphe ou sélectionner plusieurs paragraphes.
2. Positionner le pointeur de la souris sur la marque de retrait située à droite sur la règle et le glisser vers la gauche ou vers la droite pour obtenir le retrait désiré.

En utilisant cette méthode pour imbriquer un paragraphe à gauche et à droite, il se pourrait que les mesures de retrait gauche et de retrait droit ne soient pas égales (une citation, par exemple). Pour plus d'information concernant les retraits (voir la rubrique Retrait et espacement, page 72).

Retrait négatif à l'aide de la souris

Un retrait négatif est une mise en forme de paragraphe dans laquelle la deuxième ligne ainsi que les lignes suivantes d'un paragraphe s'affichent en retrait par rapport à la première ligne. Le retrait négatif est généralement utilisé pour les listes à puces et à numérotation. Les paragraphes des marches à suivre de ce présent manuel sont en retrait négatif.

Voici un autre exemple de retrait négatif:

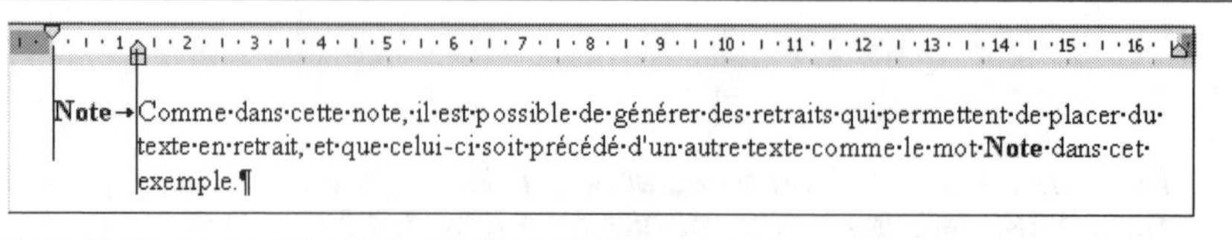

1 · 2 · 3 · 4 · 5 · 6 · 7 · 8 · 9 · 10 · 11 · 12 · 13 · 14 · 15 · 16
Note→Comme·dans·cette·note,·il·est·possible·de·générer·des·retraits·qui·permettent·de·placer·du·texte·en·retrait,·et·que·celui-ci·soit·précédé·d'un·autre·texte·comme·le·mot·Note·dans·cet·exemple.¶

Marche à suivre

1. Positionner la pointe de la flèche du pointeur de la souris sur le triangle inférieur de la marque de retrait gauche.
2. Glisser le triangle vers la droite sur la règle pour créer le retrait de tout le paragraphe, sauf de la première ligne.
3. Taper le texte (ex.: Note) suivi de la touche ***Tab.***
4. Taper le paragraphe de texte.

*Pour annuler les modifications apportées à un paragraphe, utiliser **Ctrl+Q**. S'assurer que le point d'insertion est positionné dans ledit paragraphe.*

RETRAIT NÉGATIF MANUEL

Le retrait négatif effectué avec le raccourci clavier est une autre façon de procéder et il est toujours possible, par la suite, de le rajuster, en le glissant avec la souris.

MARCHE À SUIVRE

1. Appuyer sur ***Ctrl+T*** pour déplacer la marque de paragraphe inférieure vers la droite d'environ 1/2 po (1,25 cm).
2. Appuyer autant de fois que nécessaire sur ***Ctrl+T***, pour obtenir un écart plus grand entre la première ligne du paragraphe qui débute à la marge et les autres lignes.
3. Taper le texte (ex.: Note ou Rose blanche) suivi de la touche ***Tab*** pour aligner la deuxième partie de la première ligne sur ces autres lignes du paragraphe.
4. Taper le paragraphe de texte. Faire un retour pour commencer un nouveau paragraphe et répéter l'étape 2.

EXERCICE

Cet exercice initie l'utilisateur aux retraits manuels.

1. Tapez le texte qui suit les consignes.

*Trois retraits manuels (**Ctrl+T**) sont nécessaires pour décaler les paragraphes de cet exercice. Et n'oubliez pas l'utilisation de la touche **Tab**.*

2. Enregistrez le document sous «**Retrait manuel**».

Les fleurs de mon jardin

Rose grandiflora	Variété de fleurs en grappes à floraison continuelle du début de l'été jusqu'à l'automne. Ces rosiers peuvent être plantés en massifs ou en haies.
Rose trémière	Appelée également passerose, c'est une plante à tiges dressées s'élevant de 3 à 7 pieds selon les espèces.
Rose du Japon	Variété à fleurs doubles et semi-doubles; blanche, rouge ou rose, elle est également appelée camélia.

BORDURES

La bordure est un moyen intéressant pour attirer l'attention sur un titre, un paragraphe; on peut l'appliquer aux pages d'une section, uniquement à la première page ou à toutes les pages à l'exception de la première. En outre, Word permet de personnaliser les bordures et offre une trame de fond grise ou en couleur avec ou sans ligne de bordure.

BORDURE DE PARAGRAPHE

MARCHE À SUIVRE

1. Positionner le point d'insertion dans le paragraphe à encadrer ou sélectionner un texte ou plusieurs paragraphes.

2. Afficher la barre des bordures en sélectionnant **Barres d'outils** du menu **Affichage**, sélectionner **Tableaux et bordures** ou cliquer sur le bouton **Tableaux et bordures** de la barre d'outils standard.

   Une nouvelle barre apparaît au-dessus de la règle.

3. Sélectionner le style de trait que vous désirez.

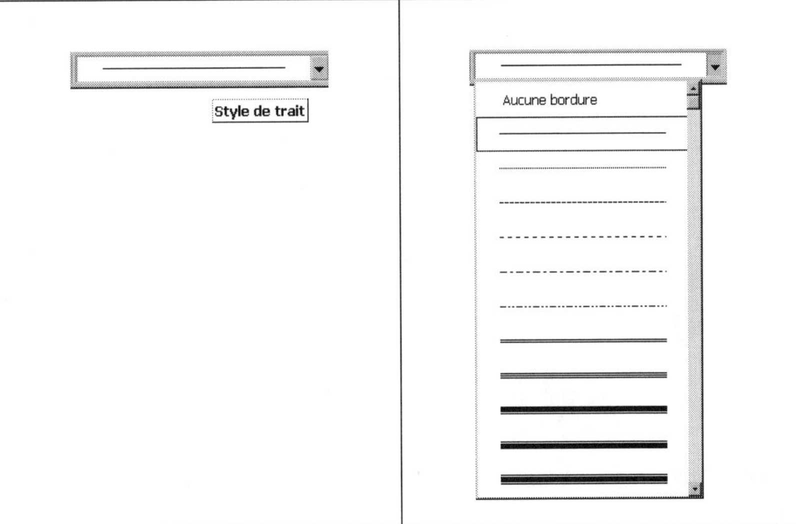

4. Sélectionner l'épaisseur du trait.

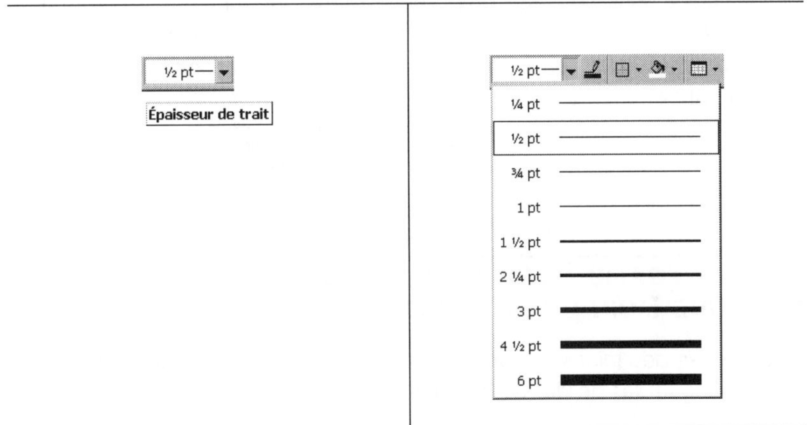

2000

5. Cliquer à droite de l'icône **Bordure extérieure** (le nom de ce bouton adopte le nom de la dernière option sélectionnée) et choisir le type de bordure désirée: extérieure, supérieure, inférieure, gauche, droite, etc.

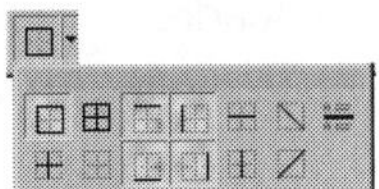

6. Cliquer à droite de l'icône **Couleur de la trame de fond** et sélectionner la couleur ou la teinte de gris désirée.

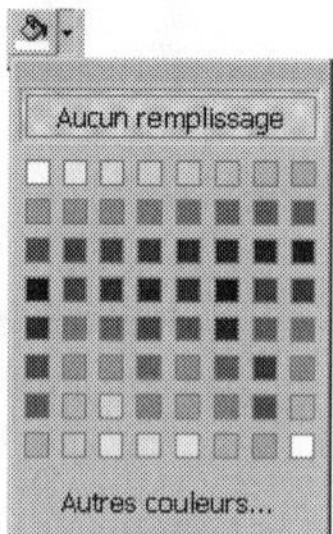

Les bulles d'aide indiquent la fonction de chacune des icônes.

Bordure de texte

Il est aussi possible d'appliquer une bordure à un mot ou à un groupe de mots. Pour ce faire, il suffit de sélectionner le mot et de procéder de la même manière que pour les bordures de paragraphe, en évitant de sélectionner la marque de fin de paragraphe.

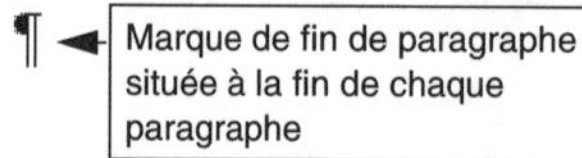

Mise en forme à l'aide de la boîte de dialogue Bordure et trame

Certaines des mises en forme de bordures sont accessibles seulement par la boîte de dialogue des bordures: **Bordure et trame**.

Marche à suivre

1. Sélectionner le texte à encadrer.
2. Dérouler le menu **Format** et activer la commande **Bordure et trame**. Une boîte de dialogue apparaît.

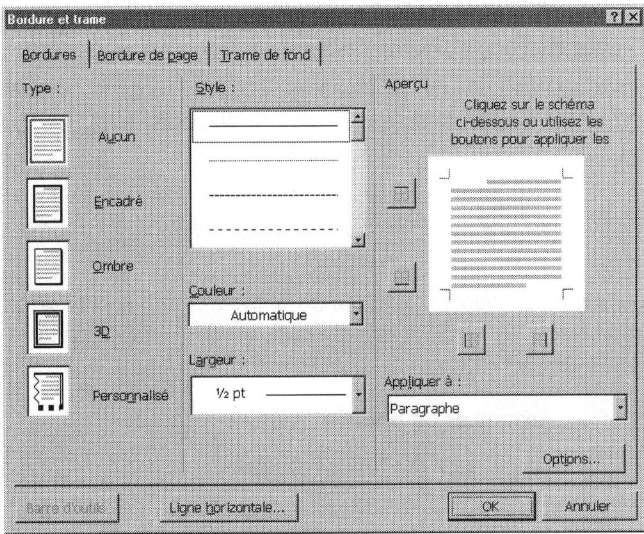

3. Sélectionner dans la zone **Type** un style de bordure: Encadré, Ombre, 3D ou Personnalisé.
4. Choisir le style de ligne de bordure qui convient dans la zone **Style**.
5. Choisir la couleur du trait ainsi que sa largeur.
6. Cliquer sur les boutons de la zone **Aperçu** afin de personnaliser les bordures si désiré. Il est ainsi possible de supprimer ou d'ajouter une bordure supérieure, inférieure, gauche ou droite.
7. Cliquer sur le bouton **Options** et préciser une mesure dans les cases **Distance du texte**, **Haut**, **Bas**, **Gauche** et **Droite**, cela assurera un espace entre le texte et la bordure.

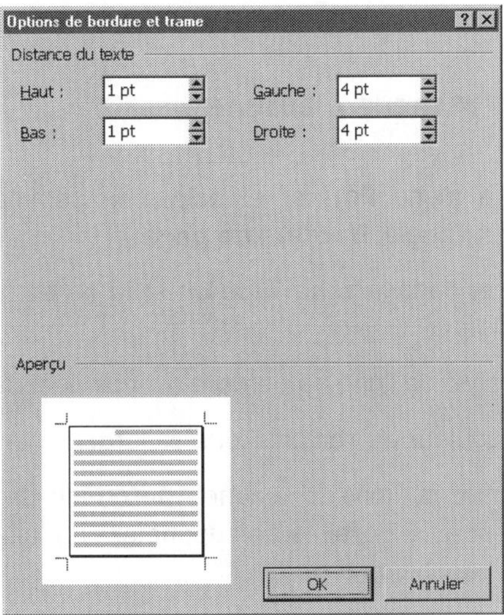

8. Cliquer sur le bouton **OK** pour revenir à l'écran précédent.
9. Cliquer sur l'onglet **Trame de fond**.
10. Sélectionner la trame qui convient. Pour imprimer sur une imprimante couleur, choisir les teintes requises. Cliquer sur le bouton **OK**.

Il est possible d'augmenter la distance entre la bordure et le texte en cliquant (le point d'insertion se transforme en flèche double) sur la bordure et en glissant cette flèche.

Voici quelques exemples de bordures:

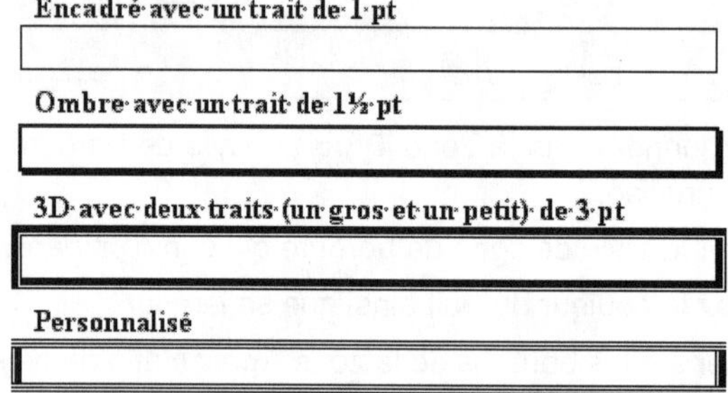

Bordure de page

Avec Word, il est possible d'appliquer une bordure à une page ou à plusieurs pages du document.

Marche à suivre

1. Dérouler le menu **Format** et activer la commande **Bordure et trame**, et sélectionner l'onglet **Bordure de page**.
2. Sélectionner dans la zone **Type** un style de bordure: Encadré, Ombre, 3D ou Personnalisé.
3. Choisir le style de ligne de bordure qui convient dans la zone **Style**.
4. Choisir la couleur du trait ainsi que sa largeur.
5. Cliquer sur les boutons de la zone **Aperçu** afin de personnaliser les bordures si désiré. Il est ainsi possible de supprimer ou d'ajouter une bordure supérieure, inférieure, gauche ou droite.

6. Sélectionner l'option appropriée dans la zone **Appliquer à**, pour que la bordure s'applique à tout le document, à cette section, à la première page ou à tout le document sauf la première page.
7. Cliquer sur le bouton **Options** et préciser une mesure dans les cases **Marge**, **Haut**, **Bas**, **Gauche** et **Droite**, et préciser si ces mesures s'appliquent à partir du bord de la page ou à partir du texte.

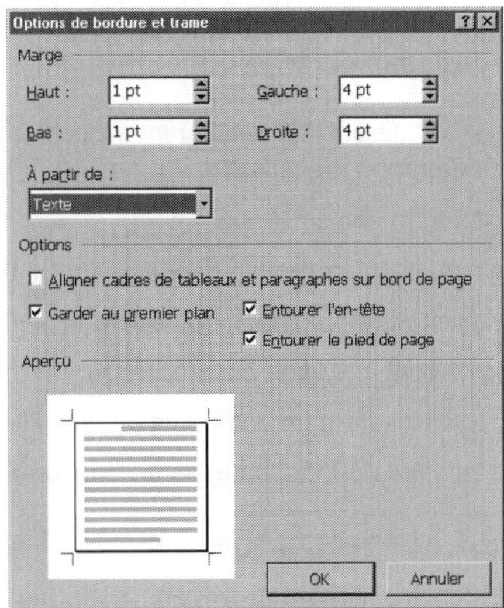

8. Utiliser, au besoin, l'une des options suivantes:

   Aligner cadres de tableaux et de paragraphes sur bord de page – élimine les espaces éventuels entre les bordures de page et les bordures de paragraphe ou de tableau. S'emploie uniquement si la bordure de page est basée sur le texte et non sur le bord de la page.

   Garder au premier plan – permet de conserver la bordure devant le texte ou un objet qui pourrait la couper.

   Entourer l'en-tête et **Entourer le pied de page** – permet d'inclure l'en-tête ou le pied de page dans la bordure. S'emploie uniquement si la bordure de page est basée sur le texte et non sur le bord de la page.
9. Cliquer sur le bouton **OK** pour revenir à l'écran précédent.
10. Cliquer sur le bouton **OK** pour terminer.

Bordures automatiques

Il est possible d'insérer des bordures automatiquement au-dessous d'un paragraphe sans avoir à activer la fonction à l'aide des méthodes décrites précédemment.

Bordures inférieures automatiques

Marche à suivre

1. Taper le paragraphe de texte.
2. Taper trois traits d'union (-) sur la ligne suivant immédiatement le paragraphe puis appuyer sur **Entrée.**

Les trois traits d'union seront automatiquement convertis en bordure inférieure qui s'inscrit sous le paragraphe précédent.

---	3 tirets génèrent une ligne simple;
___	3 tirets en maintenant ***Maj*** enfoncée génèrent une ligne plus épaisse;
===	3 signes *égal* génèrent une ligne double;
~~	3 tildes génèrent une ligne ondulée;
***	3 astérisques insèrent un trait épais en pointillé;
###	3 signes *numéro* donnent un triple trait décoratif.

Trait horizontal automatique

Voici une autre manière d'insérer un trait horizontal: placer le point d'insertion à l'endroit voulu et cliquer sur le bouton **Trait horizontal** de la barre d'outils **Tableaux et bordures**.

Exercice

Cet exercice initie l'utilisateur aux bordures de paragraphe.

1. Récupérez le document «**Créativité 1**».
2. Appliquez une bordure au titre comme bon vous semble, soyez créatif.
3. Ajoutez un espace entre le paragraphe et la bordure.
4. Encadrez les sous-titres (facultatif).
5. Enregistrez sous «**Bordure 1**».

Ctrl+Q *annule les modifications apportées à un paragraphe.*

EXERCICE

Cet exercice demande à l'utilisateur d'insérer une bordure à une page.

1. Récupérez le document «**Créativité 2**».
2. Placez-y un cadre autour de la page.
3. Enregistrez sous «**Bordure 2**».

SAUT DE PAGE

Un changement de page automatique est indiqué à l'écran par une ligne pointillée qui traverse l'écran (en mode Normal).

Si l'on désire provoquer un changement de page forcé, on insère un saut de page en appuyant sur ***Ctrl+Entrée***.

Une ligne pointillée apparaît alors accompagnée de la mention **Saut de page**. Cette ligne est apparente lorsque le document est affiché en mode Normal. En mode Page, Word affiche l'ensemble de la page incluant les marges.

..........Saut de page..........

EXERCICE

Cet exercice demande à l'utilisateur d'insérer des sauts de page.

1. Récupérez le fichier «**Document long**».
2. Insérez des sauts de page aux endroits de votre choix.

TABULATIONS

Les taquets de tabulation permettent de positionner du texte avec précision sur une ligne d'un document ou dans une colonne d'un tableau. Les alignements de paragraphe positionnent ce dernier sur un seul choix d'alignement. Les taquets de tabulation offrent la possibilité de positionner les éléments d'une même ligne en sélectionnant des alignements différents pour chacun d'eux.

DÉFINIR LES TAQUETS DE TABULATION AU MOYEN DE LA RÈGLE

Des icônes situées sur la règle vous permettent de positionner rapidement les taquets de tabulation. Elles se situent à gauche de la règle et, en cliquant sur celle qui est visible, vous verrez apparaître la suivante.

Icône d'alignement à gauche. Le texte s'insère de gauche à droite.

Icône pour centrer. Le texte est centré par rapport à la marque de tabulation.

Icône d'alignement à droite. Le texte s'insère de droite à gauche.

Icône d'alignement décimal. Très utile pour aligner une série de chiffres tels que les dollars. L'alignement se fait sur la virgule ou un symbole ($, #, %, /, etc.). Pour un alignement sur le point, modifiez le symbole à partir du panneau de configuration de *Microsoft Windows* sous la rubrique **Paramètres régionaux**.

2000 Icône barre. Cette icône insère une ligne séparatrice entre les colonnes de texte. Cette icône ne représente pas vraiment une tabulation. Elle sert à placer une barre verticale à la position désirée.

2000 Icône de retrait de première ligne. Sélectionner cette icône et cliquer sur la règle à l'endroit où doit commencer la première ligne (alinéa) du paragraphe.

2000 Icône de retrait négatif. Sélectionner cette icône et cliquer sur la règle à l'endroit où doit commencer un paragraphe en retrait négatif.

Insérer des taquets de tabulation

MARCHE À SUIVRE

1. Sélectionner le type de taquet de tabulation correspondant à la tabulation désirée.
2. Cliquer sur les graduations (ne pas traîner le taquet vers la règle) de la règle à l'endroit où cette tabulation doit être positionnée. Insérer autant de tabulations que nécessaire.

Lorsqu'un taquet de tabulation est inséré sur la règle, les taquets par défaut précédant le taquet nouvellement inséré s'effacent. Les taquets par défaut sont visibles sur la bordure inférieure de la règle. Ils sont, par défaut, à intervalles de 1,25 cm (0,49 po).

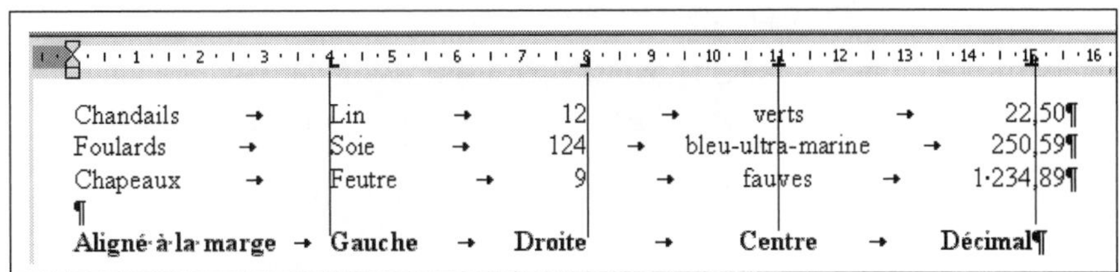

Chandails	Lin	12	verts	22,50¶
Foulards	Soie	124	bleu-ultra-marine	250,59¶
Chapeaux	Feutre	9	fauves	1·234,89¶
¶				
Aligné·à·la·marge	**Gauche**	**Droite**	**Centre**	**Décimal¶**

EXERCICE

Cet exercice permet de gérer des colonnes de chiffres en insérant des taquets de tabulation.

1. Tapez le texte qui suit en insérant un taquet de tabulation décimal pour les deux colonnes de chiffres.
2. Appliquez une bordure extérieure au tableau.
3. Enregistrez sous «**Inventaire**».

Inventaire			
Ordinateurs	1 345	Souris	1 450
Imprimantes	247	Fauteuils	12 143
Modem	14	Bureaux	8 674

INSÉRER ET MODIFIER LES TAQUETS DE TABULATION À L'AIDE DU MENU FORMAT

MARCHE À SUIVRE

1. Dérouler le menu **Format** et activer la commande **Tabulations**, Word affiche une boîte de dialogue. Il est également possible d'accéder à cette boîte à partir de la boîte de dialogue **Paragraphe**.

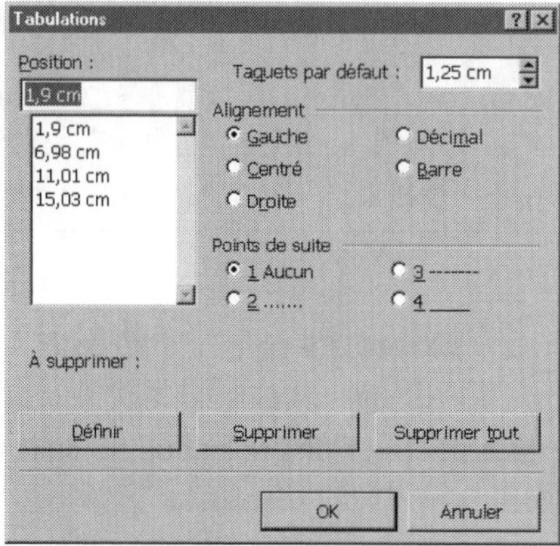

2. Cliquer sur la position de la tabulation à modifier ou insérer une nouvelle mesure pour ajouter un taquet.
3. Choisir, dans la zone **Alignement,** le type de tabulation qui convient. Dans cette zone, il est possible de sélectionner l'option **Barre**.
4. Choisir un point de suite lorsque c'est nécessaire. (Le choix numéro 2 de cette option permet d'insérer une série de points précédant le numéro de la page dans une table des matières, par exemple.)
5. Cliquer sur le bouton **Définir**.
6. Répéter les étapes de 2 à 5 pour chacune des tabulations désirées.
7. Cliquer sur le bouton **OK**.

Il est possible de modifier la position d'un taquet en cliquant sur ce dernier et en le glissant sur la règle vers un autre emplacement. Cependant, ne pas oublier de sélectionner auparavant toutes les lignes affectées, c'est-à-dire celles alignées en colonne sur ce taquet.

SUPPRIMER UN TAQUET DE TABULATION

MARCHE À SUIVRE

1. Sélectionner les paragraphes dans lesquels un taquet doit être supprimé.
2. Pointer avec la souris et faire glisser le taquet de tabulation hors de la règle, relâcher le bouton de la souris.

***Ctrl+Q** supprime également les taquets de tabulation, puisque les taquets sont des composantes des formats de paragraphe.*

MODIFIER LES TAQUETS DE TABULATION À INTERVALLES RÉGULIERS

Dans Word, les taquets de tabulation par défaut sont posés tous les 1,25 cm environ, ou 0,49 po, et sont alignés à gauche. Il est toutefois possible de modifier ces mesures.

MARCHE À SUIVRE

1. Dérouler le menu **Format** et activer la commande **Tabulations**.
2. Taper, dans la case **Taquets par défaut**, la mesure de tabulation qui convient ou sélectionner la mesure, à l'aide des flèches, et cliquer sur le bouton **OK**.

EXERCICE

Cet exercice initie l'utilisateur à se servir des taquets de tabulation avec points de suite.

1. Tapez le texte suivant en insérant des tabulations à l'aide du menu **Format**.
2. Insérez les taquets de tabulation pour la première ligne, puis supprimez les taquets en ne gardant que le dernier pour créer la deuxième ligne.
3. Utilisez la fonction **Reproduire la mise en forme à l'aide du pinceau** pour mettre en forme la troisième ligne (identique à la première) et la quatrième ligne (identique à la deuxième).

4. Enregistrez sous «**Fiche**».

FICHE D'INSCRIPTION

Nom· → → Prénom· → ¶

Adresse· → ¶

Téléphone· → → Télécopieur· → ¶

Courriel· → ¶

NUMÉROTATION DE PAGE

Un en-tête se situe en haut de la page d'un document et le pied de page en bas de la page. Ils servent à insérer les numéros de page, le titre ou le nom du chapitre, la date, un graphique, etc. Un en-tête ou un pied de page se répète automatiquement sur toutes les pages du document.

Dans cette rubrique, nous verrons comment créer un en-tête ou un pied de page simple et comment y insérer un numéro de page. Les autres fonctions, plus avancées, seront couvertes en détail dans le manuel ***Word 2000 – Les fonctions intermédiaires***.

Insertion d'une numérotation dans le pied de page

MARCHE À SUIVRE

1. Dérouler le menu **Affichage** et activer la commande **En-tête et pied de page**.

   Word passe en mode Page et affiche l'en-tête avec une nouvelle barre de boutons. L'un de ces boutons, situé à droite, permet de basculer de l'en-tête au pied de page et vice versa.

   Word a inséré des taquets de tabulation pour vous permettre de positionner du texte à gauche, au centre et à droite du paragraphe. Pour déplacer ces taquets, appuyer sur la touche ***Tab*** afin de positionner le point d'insertion au centre, et une seconde fois sur la touche ***Tab*** pour le positionner à droite.

2. Taper le texte désiré ou cliquer sur l'icône de pagination de la barre de boutons pour insérer le numéro de la page. Il est aussi possible de cliquer sur le bouton **Insertion automatique** pour y sélectionner l'une de ces options.

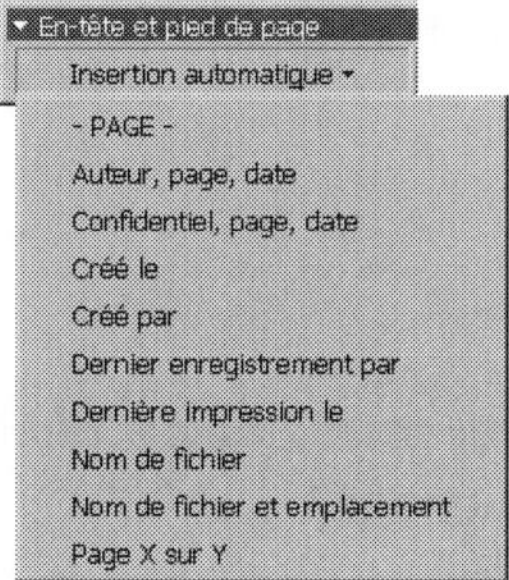

3. Cliquer sur le bouton **Numérotation de page** pour modifier le format des numéros de page.

   Pour une autre forme de pagination que les chiffres arabes (1, 2, 3), choisir le format de la numérotation.

   Pour que la numérotation démarre à un autre chiffre que 1, taper celui désiré dans la case **À partir de**.

4. Cliquer sur le bouton **OK** pour revenir à la boîte de dialogue précédente.
5. Cliquer sur le bouton **Fermer** pour revenir au texte.

Word pagine tout le document automatiquement et effectue les changements si vous ajoutez ou supprimez du texte.

Si vous ajoutez une numérotation dans l'en-tête et que, par la suite, vous changez d'idée et la placez dans le pied de page, vous devrez effacer manuellement la numérotation dans l'en-tête.

EXERCICE

Cet exercice familiarise l'utilisateur avec la numérotation des pages.

1. Ouvrez le document «**Document long**».
2. Ajoutez une numérotation de page à l'endroit de votre choix.
3. Enregistrez le document.

QUESTIONS DE RÉVISION

1. **Quel raccourci clavier ajoute ou supprime un espacement de 12 points avant un paragraphe?**

   a. ***Alt+0***

   b. ***Ctrl+0***

   c. ***Ctrl+E***

2. **À partir de quel menu et de quelle commande puis-je gérer les marges du document?**

   a. Du menu **Format** et de la commande **Bordure et trame**

   b. Du menu **Fichier** et de la commande **Mise en page**

   c. Du menu **Format** et de la commande **Paragraphe**

3. **Comment obtient-on un saut de page forcé ou manuel?**

   a. ***Maj+Entrée***

   b. ***Ctrl+Entrée***

   c. ***Alt+Entrée***

4. **À partir de quel menu et de quelle commande puis-je contrôler l'espace entre les lettres?**

   a. Du menu **Format,** de la commande **Police** et de l'onglet **Espacement**

   b. Du menu **Format,** de la commande **Paragraphe** et de l'onglet **Retrait et espacement**

   c. Du menu **Format,** de la commande **Bordure et trame**

5. **À environ combien de points équivaut une ligne standard de texte?**

   a. 1,5 point

   b. 12 points

   c. 24 points

Réponses en annexe

UN SURVOL DES FONCTIONS INTERMÉDIAIRES

Objectif général

Mettre en forme un document et modifier cette mise en forme.

Objectifs spécifiques

Être en mesure:

- ✓ de créer des listes à puces ou à numéros;
- ✓ de saisir du texte en appliquant des styles;
- ✓ d'utiliser l'**Explorateur de document**;
- ✓ de numéroter les titres;
- ✓ de créer un texte dans un tableau simple.

PUCES ET NUMÉROS

La fonction de **Puces et numéros** permet de taper une série de paragraphes numérotés ou précédés d'une puce. Vous pouvez ajouter rapidement des puces ou des numéros aux lignes existantes de texte ou vous pouvez créer automatiquement des listes à puces et numérotées lors de la frappe.

Mais avant de commencer la numérotation, nous vous recommandons de désactiver quelques options à partir du menu **Outils,** car Word a tendance à vouloir hiérarchiser automatiquement les paragraphes numérotés.

MARCHE À SUIVRE

1. Dérouler le menu **Outils** et activer la commande **Correction automatique.**
2. Choisir l'onglet **Lors de la frappe.**

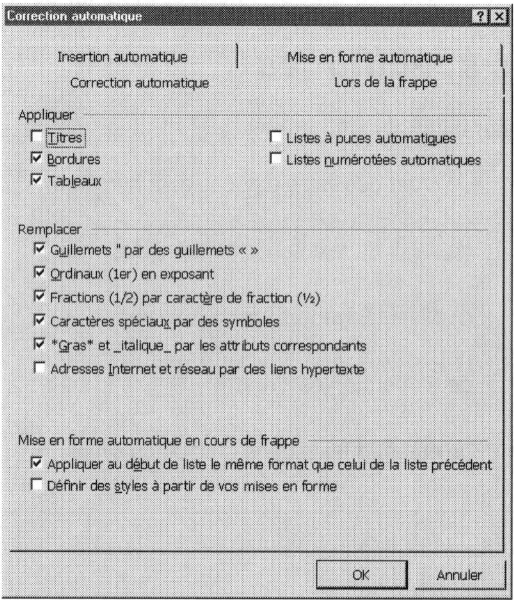

Options des corrections automatiques lors de la frappe à désactiver

Listes à puces automatiques – applique automatiquement à une liste la mise en forme d'une liste à puces si, au début d'un paragraphe, on tape un astérisque (*), le signe supérieur à (>) ou un tiret (-) suivi d'une espace ou d'une tabulation. Lorsque l'on appuie sur la touche ***Entrée*** pour ajouter l'élément suivant à la liste, Word insère automatiquement la puce suivante. Pour terminer la liste, appuyer deux fois sur la touche ***Entrée***. Pour supprimer la dernière puce de la liste, appuyer sur la touche ***Retour arrière.***

Listes numérotées automatiques – applique automatiquement à une liste la mise en forme d'une liste numérotée si, au début d'un paragraphe, on tape une lettre ou un nombre suivi d'un point et d'une espace ou d'une tabulation. Par exemple, on peut taper 1. , A. , i. ou a. Lorsque l'on appuie sur la touche ***Entrée*** pour ajouter l'élément suivant à la liste, Word insère automatiquement le numéro suivant. Pour terminer la liste, appuyer deux fois sur la touche ***Entrée.*** Pour supprimer le dernier numéro de la liste, appuyer sur la touche ***Retour arrière.***

Activer ou désactiver Puces et numéros

Pour activer ou désactiver la fonction, il suffit de cliquer sur le bouton **Numéroter** ou **Insérer puces,** selon le cas. Le paragraphe sera automatiquement converti en paragraphe numéroté ou à puce et le même format sera appliqué au paragraphe suivant, et ce, en tenant compte de la séquence numérotée.

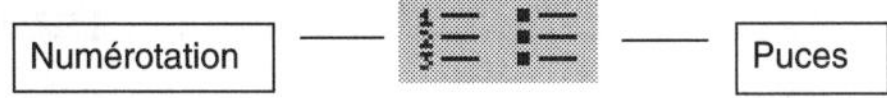

*Un double retour désactive également la fonction. Souvenez-vous que la fonction **Ctrl+0 (zéro)** contrôle automatiquement l'espacement entre les paragraphes.*

Créer une liste à puces

Marche à suivre

1. Placer le point d'insertion au début du paragraphe et activer le bouton **Puces.** Word imbrique le paragraphe vers la droite. Pour que le paragraphe s'aligne à la marge, passer à l'étape 2, sinon aller à l'étape 8.

2. Dérouler le menu **Format** et activer la commande **Puces et numéros,** puis choisir l'onglet **Avec puces.**

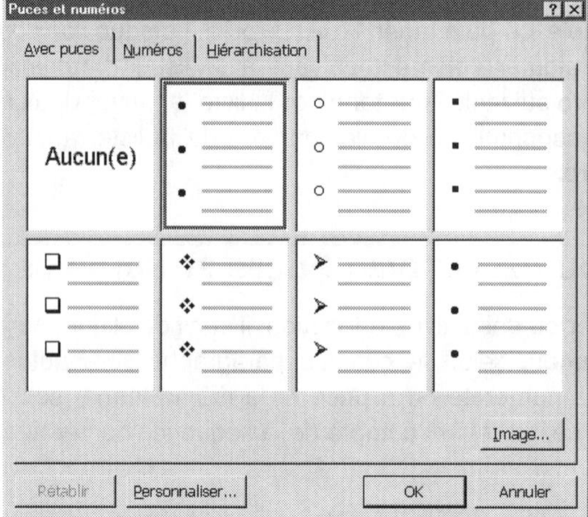

3. Choisir un modèle de puces.
4. Cliquer sur le bouton **Personnaliser.**

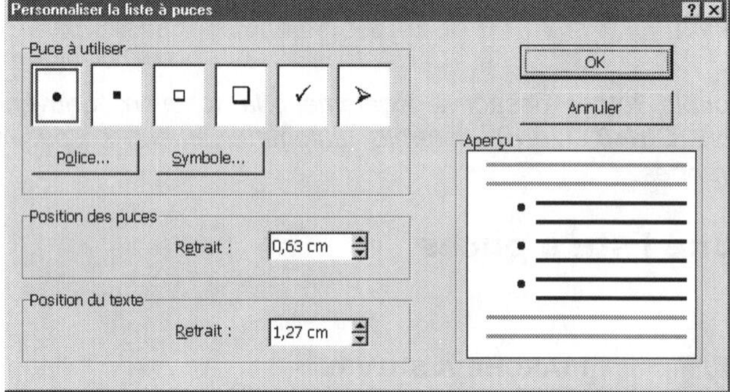

5. Insérer la mesure 0 dans la zone **Position des puces.** Ainsi la puce sera alignée à la marge.
6. Insérer une nouvelle mesure dans la zone **Position du texte** (par exemple: 0,8 cm). Cette mesure indique la distance entre la puce et le texte.
7. Cliquer sur le bouton **OK.** Le modèle de la puce choisie à l'étape 3 vient d'être personnalisé. Pour utiliser ce modèle de nouveau, il suffit de le sélectionner dans la boîte de dialogue **Puces et numéros.**

   Pour revenir au modèle de Word, sélectionner le bouton **Rétablir** dans la même boîte après avoir sélectionné le modèle.
8. Taper le nombre de paragraphes nécessaires.

9. Pour mettre fin à la liste, appuyer deux fois sur ***Entrée*** ou bien appuyer sur ***Retour arrière*** ou cliquer sur le bouton approprié (**Numérotation** ou **Puces**) sur la barre des mises en forme.

S'assurer que le point d'insertion est bien positionné dans le paragraphe à modifier.

Lorsque plusieurs paragraphes appartiennent au même numéro ou à la même puce, désactiver le bouton **Numérotation** ou **Puces,** puis cliquer sur le bouton **Augmenter le retrait** pour aligner le paragraphe sur celui de la liste. Ou encore, pour changer de ligne sans changer de paragraphe, appuyer sur les touches ***Maj+Entrée*** une ou deux fois selon l'espace à créer entre les lignes. Cette deuxième façon de procéder conserve l'alignement des paragraphes; toutefois, on ne peut pas utiliser l'alignement justifié.

Créer une liste numérotée

MARCHE À SUIVRE

1. Placer le point d'insertion au début du paragraphe et activer le bouton **Numérotation**. Word imbrique le paragraphe vers la droite. Pour que le paragraphe s'aligne à la marge, passer à l'étape 2, sinon aller à l'étape 8.

2. Dérouler le menu **Format** et activer la commande **Puces et numéros,** puis choisir l'onglet **Numéros.**

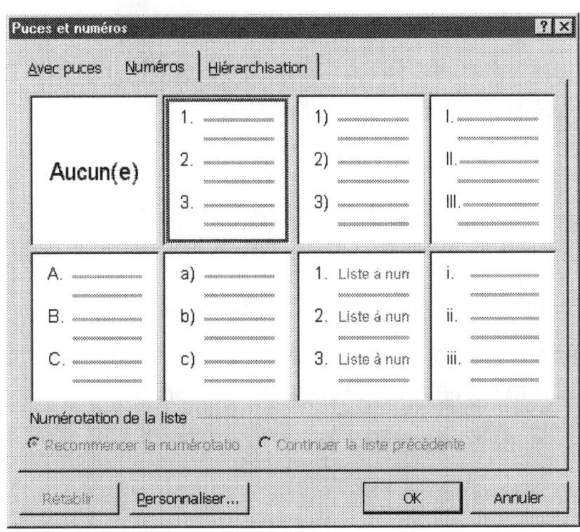

3. Choisir un modèle de numérotation.
4. Cliquer sur le bouton **Personnaliser.**

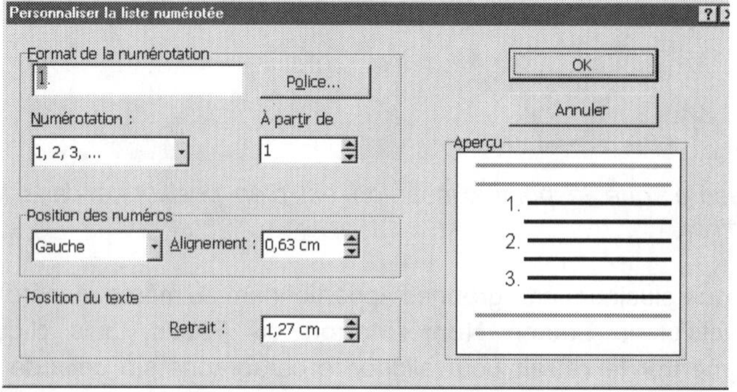

5. Insérer la mesure 0 dans la zone **Position des numéros.** Ainsi la numérotation sera alignée à la marge.
6. Insérer une nouvelle mesure dans la zone **Position du texte** (par exemple: 0,8 cm). Cette mesure indique la distance entre la numérotation et le texte.
7. Cliquer sur le bouton **OK.** Le modèle de la numérotation choisie à l'étape 3 vient d'être personnalisé. Pour utiliser ce modèle de nouveau, il suffit de le sélectionner dans la boîte de dialogue **Puces et numéros.**

   Pour revenir au modèle de Word, sélectionner le bouton **Rétablir** dans la même boîte après avoir sélectionné le modèle.
8. Taper le nombre de paragraphes nécessaires.
9. Pour mettre fin à la liste, appuyer deux fois sur ***Entrée*** ou bien appuyer sur ***Retour arrière*** ou cliquer sur le bouton approprié (**Numérotation** ou **Puces**) sur la barre des mises en forme.

AJOUTER UNE NUMÉROTATION OU DES PUCES À DES PARAGRAPHES DÉJÀ TAPÉS

MARCHE À SUIVRE

1. Sélectionner le groupe de paragraphes.
2. Cliquer sur les boutons **Numérotation** ou **Puces** ou dérouler le menu **Format** et activer la commande **Puces et numéros.**
3. Choisir le modèle approprié.
4. Cliquer sur le bouton **OK.**

5. Taper le texte et faire des retours pour chaque paragraphe: Word continue d'appliquer le modèle de puces ou de numérotation choisi.

Exercice

Cet exercice initie l'utilisateur à se servir des retraits et de la numérotation de paragraphe.

1. Tapez le texte suivant et insérez-y les retraits de paragraphes (puces, liste numérotée) au fur et à mesure.
2. Alignez (facultatif), à l'aide de la boîte de dialogue **Puces et numéros,** l'espace entre le chiffre et le texte de la liste numérotée.
3. Sélectionnez l'une après l'autre la liste des puces et la liste numérotée et accédez à la boîte **Paragraphe** du menu **Format** pour appliquer un espace de 6 points avant le paragraphe.
4. Modifiez, par la suite, cette liste avec des puces, puis revenez à la liste numérotée.
5. Enregistrez sous «**Liste**».

*Si vous préférez un espace avant un paragraphe plus grand, n'oubliez pas **Ctrl+0** qui ajoute une ligne avant les paragraphes. Cette fonction se révèle particulièrement utile lors de la création d'une liste numérotée. On évite ainsi de numéroter les lignes vides.*

Entretien des bijoux en or

Pourquoi acheter des produits nettoyants à un prix faramineux, lorsque vous pouvez trouver, dans votre maison, tout le matériel nécessaire, soit 250 ml (8 oz) d'eau chaude et 125 ml (4 oz) d'ammoniaque.

Étapes

1. Mélanger l'eau chaude avec l'ammoniaque. Attention de ne pas inhaler l'ammoniaque et tenir ce produit hors de la portée des enfants.
2. Tremper les bijoux en or dans ce mélange pendant 15 minutes.
3. Frotter doucement les parures avec une brosse souple.
4. Rincer les joyaux à l'eau tiède.
5. Faire sécher les bijoux en or sur un tissu absorbant.

Liste hiérarchique ou à plusieurs niveaux

Les listes hiérarchisées peuvent compter jusqu'à neuf niveaux. Vous pouvez utiliser les puces, les numéros, les lettres ou une combinaison de ces trois éléments pour hiérarchiser une liste de paragraphes.

Marche à suivre

1. Dérouler le menu **Format** et sélectionner **Puces et numéros**.
2. Choisir l'onglet **Hiérarchisation.**
3. Sélectionner le modèle souhaité et cliquer sur le bouton **OK**. Les modèles de la deuxième rangée s'appliquent seulement aux titres. Nous verrons cette fonction un peu plus loin dans ce chapitre.

   Le premier numéro est déjà inscrit au début du paragraphe.
4. Taper le texte du paragraphe et faire un retour de paragraphe pour chacun des points de la liste.

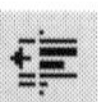

5. Appuyer sur la touche ***Tab*** ou cliquer sur le bouton **Augmenter le retrait** pour obtenir un deuxième niveau de retrait (exemple: 1.1 ou a).

   Appuyer sur la touche ***Maj+Tab*** ou cliquer sur le bouton **Réduire le retrait** pour réduire le paragraphe d'un niveau.

Pour obtenir un paragraphe sans numérotation ou puces, cliquer sur le bouton **Numérotation** ou **Puces** afin de désactiver la fonction. Par la suite, aligner le texte en utilisant les fonctions **Augmenter le retrait** ou **Diminuer le retrait,** selon le cas. Toutefois, il est conseillé d'effectuer cette opération seulement lorsque le texte numéroté est entièrement saisi. Ceci vous évitera de devoir recommencer le processus pour poursuivre la numérotation.

*Si les paragraphes de la liste ne sont pas justifiés, il est plus facile d'utiliser les sauts de ligne (**Maj+Entrée**); ainsi, le texte reste aligné.*

EXERCICE

Cet exercice familiarise l'utilisateur avec la numérotation de paragraphes à plusieurs niveaux.

1. Tapez le texte qui suit les consignes et créez les retraits de niveaux appropriés.
2. À la toute fin, désactivez la fonction de numérotation pour le paragraphe qui débute par *C'est pourquoi*... au point 1.2 et alignez-le correctement à l'aide du bouton **Augmenter le retrait.** Ainsi, le numéro 1.3 disparaît et deux paragraphes appartiennent au numéro 1.2.
3. Enregistrez le document sous «**Aventure**».

Aventure

1. Je suis le premier, celui qui trace la route pour les suivants.

    1.1. Je défriche les sentiers inexplorés.

    1.2. J'explore les nouvelles contrées, les lieux inconnus. J'examine les différents aspects d'une question, je pèse le pour et le contre, et je pose des questions.

    C'est pourquoi je découvre l'univers ainsi que ses contradictions, ce qui suscite d'autres questions.

2. Moi, le second ou la seconde, je ne marche pas forcément dans les ornières du précédent.

    2.1. Je regarde.

    2.2. Je choisis ce qui me convient.

3. Je suis le troisième, mais non le moindre.

    3.1. Je profite des expériences des deux premiers et j'essaie de faire encore mieux. Parfois, j'excelle.

    3.2. Et je découvre d'autres chemins inexplorés.

        3.2.1. Dans le domaine physique.

        3.2.2. Dans le domaine intellectuel.

        3.2.3. Dans le domaine spirituel.

STYLES

Un style est un ensemble d'instructions de mise en forme auquel on a attribué un nom. Ces instructions comprennent les mises en forme de caractères (gras, majuscule, italique, taille du caractère, etc.), de paragraphes (espacement, interligne, retrait, etc.), de tabulations, de bordures, etc.

L'utilisation des styles permet d'effectuer une mise en forme de paragraphes d'une manière facile et rapide. Lorsqu'un style est appliqué, toutes les instructions correspondant au style choisi sont exécutées automatiquement. Cette fonction comporte donc plusieurs avantages:

- économise du temps et de l'énergie;
- assure une présentation homogène des documents;
- facilite les changements de dernière minute; une modification dans la mise en forme du style change automatiquement tous les paragraphes du document ayant le même style, sans risquer d'en oublier;
- s'importe facilement d'un autre fichier afin d'assurer une continuité dans la mise en forme de documents de même type (rapports mensuels).

Parmi les styles par défaut de Word, les styles **Titres** sont très importants. En effet, c'est de ces styles que la plupart des fonctions automatiques du logiciel vont dépendre.

SAISIE DE TEXTE EN APPLIQUANT UN STYLE DE TITRE

Le premier titre d'un document se nomme habituellement **Titre,** c'est le grand titre. Mais si vous voulez hiérarchiser les autres titres, le premier hiérarchisé se nomme **Titre 1** et le deuxième **Titre 2.** Si un titre de troisième niveau est nécessaire, il devrait s'appeler **Titre 3,** et ainsi de suite. Si vous désirez de nouveau un titre de premier niveau, réutilisez **Titre 1,** etc. Voici d'ailleurs un tableau qui vous aidera à bien comprendre la notion de hiérarchie des titres.

Titre 1	**Chapitre 1**
Titre 2	**Les styles**
Titre 3	**Appliquer un style**
Titre 3	**Modifier un style**
Titre 3	**Définir un style**
Titre 2	**Le mode plan**
Titre 3	**Créer un plan**
Titre 3	**Modifier un plan**
Titre 1	**Chapitre 2**
Titre 2	**Les fonctions utiles**
Titre 3	**Modèle de document**
Titre 3	**Coupures de mots**

APPLIQUER UN STYLE

Dans un premier temps, vous verrez comment appliquer ces styles. Par la suite, vous apprendrez à les modifier et à les créer. Nous élaborons plus amplement sur la fonction des styles dans le manuel ***Word 2000 — Les fonctions intermédiaires.***

Dans un paragraphe déjà tapé

MARCHE À SUIVRE

1. Positionner le point d'insertion à l'intérieur du paragraphe ou sélectionner les paragraphes à mettre en forme.
2. Sélectionner l'un des styles inscrits dans le menu déroulant situé sur la barre des mises en forme.

*Pour visualiser tous les styles de la feuille de styles, appuyer sur la touche **Maj** et cliquer sur **flèche bas** de la zone des **Styles**.*

Les mises en forme définies pour un paragraphe affectent tout le texte d'un paragraphe.

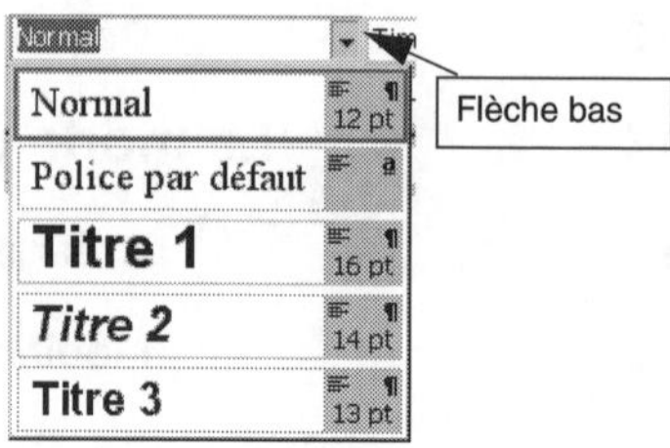

*Pour appliquer le même style à d'autres paragraphes, placer le point d'insertion dans le paragraphe et appuyer sur **F4** qui répète la dernière opération exécutée.*

Avant de taper le paragraphe

MARCHE À SUIVRE

1. Positionner le point d'insertion au début d'une nouvelle ligne.
2. Dérouler le menu **Style,** situé sur la barre des mises en forme, en cliquant sur ***flèche bas.***
3. Choisir un style.

*Pour utiliser les touches du clavier, appuyer sur **Ctrl+Maj+S** pour sélectionner la zone des **Styles.** Ensuite, appuyer sur **flèche haut** ou **flèche bas** (touches de direction sur le clavier) pour accéder au style souhaité; puis, sur la touche **Entrée** pour autoriser l'application du style.*

4. Taper le texte du paragraphe.

EXERCICE

Cet exercice permet de se familiariser avec l'application des styles lors de la saisie de texte.

1. Tapez le texte suivant en appliquant des styles aux trois titres.
   - Titre 1: Brainstorming
   - Titre 2: Processus de résolution de problèmes
   - Titre 3: Les étapes d'un brainstorming

Conservez la mise en forme telle que Word vous la proposera. Dans la section qui suit, nous verrons comment la modifier.

2. Enregistrez sous le nom «**Brainstorming**».

Brainstorming

Processus de résolution de problèmes

Un bon animateur de brainstorming ne censure pas les idées, mais respecte le temps alloué préalablement aux différentes étapes.

Les étapes d'un brainstorming

- Définir sur quoi on va produire des idées ou définir le problème. C'est-à-dire, poser la bonne question.
- Produire des idées avec un laps de temps de production déterminé.
- Trier et classer par catégories les idées émises par le groupe.
- Évaluer, selon les critères déjà établis par le client (coût, efficacité, réalisme), les solutions choisies par le groupe. En conserver trois ou quatre.
- Choisir et élaborer la solution finale.

EXERCICE

Cet exercice permet de comprendre comment ajouter du texte à un document en se servant des styles déjà existants.

1. À la suite de l'exercice précédent, effectuez un saut de page et tapez le texte suivant en appliquant aussi des styles aux trois titres. Choisissez le style du titre avant ou après avoir tapé le texte. Si vous le choisissez après, n'oubliez pas de positionner le point d'insertion dans le paragraphe.
2. Enregistrez-le sous le même nom.

Titre 1 ⇨ Cré-action

Titre 2 ⇨ Créativité en action

Titre 3 ⇨ Quelques avantages de la technique du brainstorming

Cré-action

Créativité en action

Quelques avantages de la technique du brainstorming

- La technique du brainstorming développe la fluidité.
- La fluidité développe la capacité de produire un très grand nombre d'idées dans un même domaine et dans un laps de temps déterminé.

Il est important d'aller jusqu'au bout de ses idées afin de produire une véritable purge.

MODIFICATION D'UN STYLE

Les styles **Titres** possèdent déjà une mise en forme. Il est possible de la modifier à sa guise.

Redéfinir les formats d'un style

MARCHE À SUIVRE

1. Sélectionner le paragraphe (ou les paragraphes) à modifier.
2. Apporter tous les changements souhaités en utilisant les outils de la barre des mises en forme ou les options des boîtes de dialogue du menu **Format** (police, paragraphes, bordures, etc.).
3. Conserver le texte sélectionné et cliquer dans la case sur le nom du style (et non sur la flèche qui déroule le menu), située sur la règle (le nom du style s'ombrage).
4. Appuyer sur la touche ***Entrée***, une boîte de dialogue apparaît.

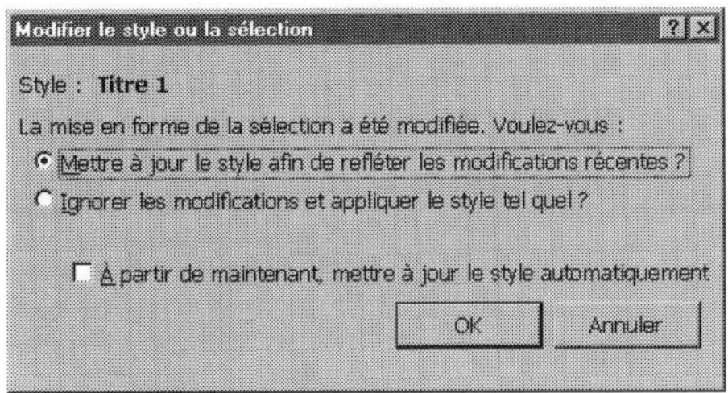

L'option **Mettre à jour le style afin de refléter les modifications récentes?** est sélectionnée par défaut.

5. Cliquer sur le bouton **OK** ou appuyer de nouveau sur la touche ***Entrée.***

Tous les paragraphes du document portant le nom du style qui a été modifié adoptent automatiquement la nouvelle mise en forme.

*Avec l'option **Ignorer les modifications et appliquer le style tel quel?**, Word applique de nouveau le style original au paragraphe sélectionné, s'il a été préalablement modifié sans passer par la fonction **Style**. Toutefois, cette option correspond au raccourci clavier **Ctrl+Q**. Il n'est donc pas nécessaire d'accéder à cette boîte pour activer cette dernière.*

*L'option **À partir de maintenant, mettre à jour le style automatiquement?** permet de modifier tous les paragraphes attachés à ce style de sorte qu'ils soient identiques à la mise en forme de la sélection, et ce, sans afficher cette boîte de dialogue. Pour désactiver la mise à jour automatique, il faut nécessairement passer par la boîte de dialogue **Style** du menu **Format** et choisir **Modifier**, puis* *cliquer dans la case à cocher **Mettre à jour automatiquement.** Nous verrons cette fonction plus en détail dans le manuel **Word 2000 – Les fonctions intermédiaires**.*

Exercice

Cet exercice a pour objectif de familiariser l'utilisateur avec la modification d'un style et sa mise à jour.

1. Récupérez le document «**Brainstorming**».

   Modifiez le style Titre 1

2. Sélectionnez le paragraphe titre «Brainstorming».

   Appliquez les formats suivants:

   Centrer;

   Espacement avant de 24 points et après de 18 points;

   Bordures supérieure et inférieure avec une distance au texte de 12 points.

3. Effectuez la mise à jour du style **Titre 1**.

   Modifiez le style Titre 2

4. Sélectionnez le paragraphe «Processus de résolution de problèmes».
5. Appliquez les formats suivants:

   Petites majuscules (***Ctrl+Maj+K***);

   Espacement avant de 18 points et après de 12 points.

6. Effectuez la mise à jour du style **Titre 2**.

   Modifiez le style Titre 3

7. Sélectionnez le paragraphe «Les étapes d'un brainstorming».
8. Appliquez les formats suivants:

   Taille 12 points;

   Espacement avant de 12 points et après de 0 point.

9. Effectuez la mise à jour du style **Titre 3**.
10. Enregistrez le document. Notez que les styles des autres paragraphes portant le même nom sont mis à jour automatiquement.

Définir un nouveau style

Word offre deux façons de créer un style: à partir d'un texte déjà mis en forme ou à partir de la boîte de dialogue des styles du menu **Format**. Nous étudierons ici la plus rapide et la plus simple des deux: à partir d'un texte déjà mis en forme.

Marche à suivre

1. Sélectionner le paragraphe à partir duquel un style doit être créé.
2. Apporter tous les changements souhaités en utilisant la barre des mises en forme ou en activant les commandes appropriées du menu **Format** (police, paragraphe, puces et numéros, bordures, etc.).
3. Cliquer dans la zone des styles sur la barre des mises en forme (le nom s'ombrage), et ce, tout en conservant le paragraphe sélectionné.
4. Taper le nouveau nom du style et appuyer sur la touche ***Entrée***.

Word insère les formats de ce style dans la boîte de dialogue **Style** et vous pouvez appliquer ce nouveau style dans n'importe lequel des paragraphes du document.

Exercice

Cet exercice initie l'utilisateur à la création de nouveaux styles.

1. Récupérez le document «**Brainstorming**».
2. Sélectionnez le paragraphe commençant par «Un bon animateur…».
3. Assurez-vous qu'il soit en Times New Roman, 12 points et qu'il possède un espacement avant de 12 points (***Ctrl+0***).
4. À partir de ce paragraphe, définissez un style et appelez-le «**Texte**».
5. Appliquez ce style au paragraphe qui commence par «Il est important d'aller…».
6. Enregistrez le document.

*Pour des raisons de complexité, évitez d'appliquer des styles à des paragraphes numérotés ou avec des puces, car il est préférable de les appliquer à l'aide de la boîte de dialogue **Puces et numéros**. Ces options seront abordées dans le manuel **Word 2000 – Les fonctions intermédiaires**.*

EXPLORATEUR DE DOCUMENT

L'Explorateur de document est un volet séparé qui affiche la liste des titres contenus dans le document. Il permet de naviguer rapidement dans le document. En effet, en cliquant sur un titre dans l'Explorateur de document, Word se place sur le titre correspondant dans le document et affiche son texte dans la fenêtre. Vous pouvez afficher ou masquer l'Explorateur de document à tout moment.

AFFICHER OU MASQUER L'EXPLORATEUR DE DOCUMENT

MARCHE À SUIVRE

1. Cliquer sur le bouton **Explorateur de document**.

   Word sépare l'écran en deux et affiche les titres dans le volet de gauche.

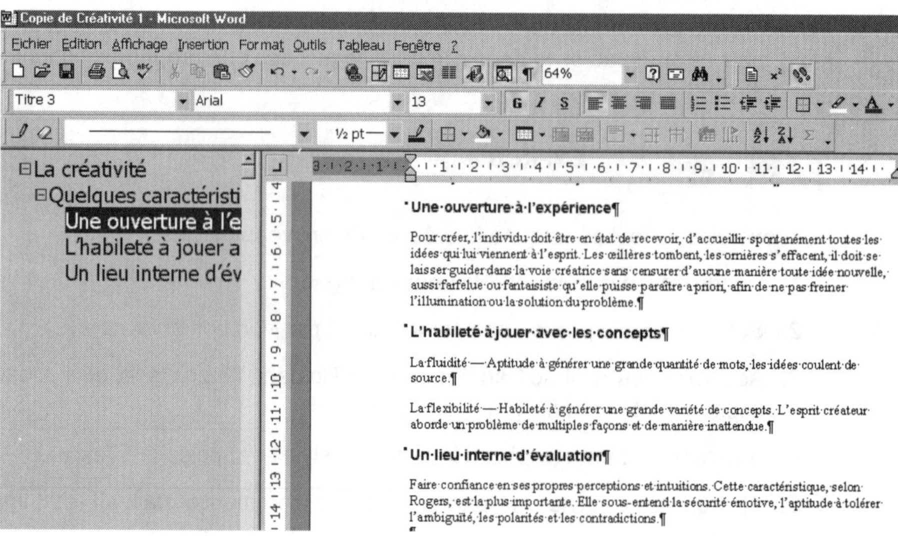

*Pour fermer l'Explorateur de document, cliquer de nouveau sur le bouton **Explorateur de document** ou double-cliquer sur la barre de redimensionnement située à droite du volet.*

Personnalisation de l'Explorateur de document

Vous pouvez choisir d'afficher tous les titres ou uniquement les titres de niveau supérieur.

Modifier le niveau de détails à afficher dans l'Explorateur

Marche à suivre

1. Cliquer sur l'icône - devant un titre pour masquer l'affichage des niveaux sous-jacents.

2. Cliquer sur l'icône + pour afficher les niveaux sous-jacents.
3. Cliquer dans le volet de l'Explorateur de document avec le bouton droit de la souris pour afficher le menu contextuel.

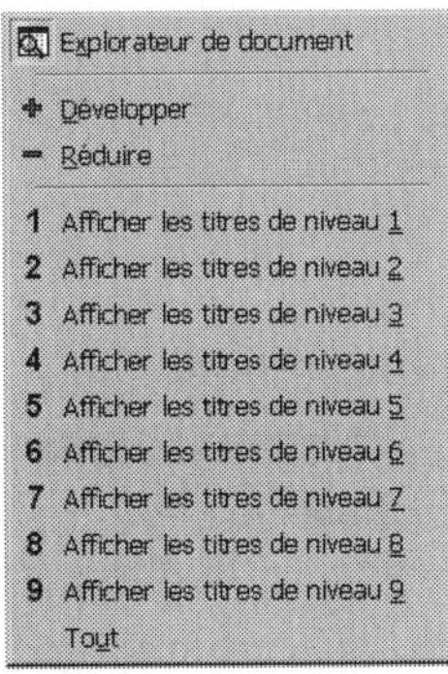

4. Sélectionner le niveau de titres souhaité.

   Par exemple, cliquer sur **Afficher les titres de niveau 4** pour afficher les titres de niveau 1, 2, 3 et 4.

Pour modifier la largeur du volet de l'Explorateur de document, pointer sur le bord droit du volet et lorsque le pointeur se transforme en flèche double, glisser la barre de redimensionnement vers la gauche ou vers la droite. Par ailleurs, si les titres sont trop longs pour s'afficher dans le volet, il n'est pas nécessaire de redimensionner le volet. Il suffit de laisser le pointeur sur un titre afin d'afficher le titre en entier.

EXERCICE

Cet exercice initie l'utilisateur à naviguer à l'intérieur d'un document avec l'Explorateur de document.

1. Récupérez le document «**Brainstorming**».
2. Naviguez à l'intérieur du document avec l'Explorateur de document.
3. Affichez 2 niveaux de titres seulement et revenez à tous les niveaux.

NUMÉROTATION DES TITRES

La numérotation effectuée au moyen de la fonction **Puces et numéros** permet d'effectuer une numérotation qui s'applique automatiquement aux titres du document. Évidemment, les styles **Titre 1**, **Titre 2**, etc., doivent avoir été utilisés lors de la création du document ou avoir été appliqués par la suite.

MARCHE À SUIVRE

1. Dérouler le menu **Format**, sélectionner la commande **Puces et numéros**. Choisir l'onglet **Hiérarchisation**.

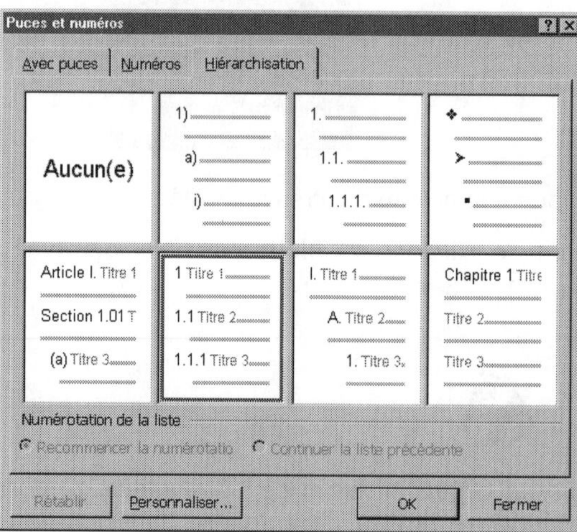

2. Sélectionner le type de numérotation désiré parmi les choix proposés dans la rangée du bas en cliquant dans la case correspondante ou en utilisant les flèches de direction au clavier.
3. Cliquer sur le bouton **OK** ou appuyer sur ***Entrée***.

Automatiquement tous les titres auxquels sont attribués les styles **Titre 1**, **Titre 2**, etc., sont numérotés selon le format sélectionné.

EXERCICE

Cet exercice permet de mettre en pratique la numérotation de titres.

1. Récupérez le document «**Brainstorming**».
2. Numérotez les titres en expérimentant les différentes possibilités.
3. Alignez le **Titre 1** à gauche et enlevez les bordures.
4. Enregistrez sous le même nom.

TABLEAUX SIMPLES

Dans cette section, nous étudierons comment utiliser le tableau simple. Des informations plus approfondies sur les tableaux sont offertes dans le manuel ***Word 2000 – Les fonctions intermédiaires***. Toutefois, l'utilisation de base des tableaux s'avérant presque quotidienne dans le travail de bureau, voici comment créer de petits tableaux simples.

CRÉATION D'UN TABLEAU

MARCHE À SUIVRE

1. Cliquer sur le bouton **Tableaux et bordures** afin de faire apparaître la barre d'outils nécessaire à la création des tableaux.

2. Cliquer sur le bouton **Dessiner un tableau.**

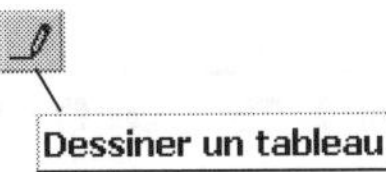

Word passera automatiquement en mode Page si ce n'est déjà fait.

3. Tracer un carré, à l'aide de la souris, qui représentera la dimension totale du tableau.
4. Tracer des lignes (avec le même outil qui est toujours actif) qui marqueront les rangées et les colonnes.

5. Cliquer de nouveau sur le bouton **Dessiner un tableau** pour désactiver la fonction.

6. Sélectionner l'outil **Gomme** pour effacer des lignes entre les rangées ou les colonnes et repasser par-dessus les lignes à éliminer.

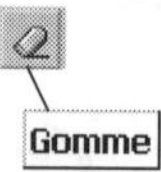

Insérer des données

Lorsque le tableau est placé dans le document, il suffit de taper à l'intérieur de chacune des cellules du tableau. Vous remarquerez que celles-ci s'agrandissent vers le bas au fur et à mesure que l'on entre du texte. De plus, toutes les cellules de la même rangée adoptent la même dimension, soit celle de la plus grande.

Pour passer à la cellule suivante, appuyez sur la touche ***Tab.*** Une fois que le point d'insertion a atteint la dernière cellule du tableau, appuyez à nouveau sur la touche ***Tab,*** Word insère alors automatiquement une autre rangée de cellules. Les touches ***Maj+Tab*** permettent de revenir à la cellule précédente.

Sélectionner les éléments d'un tableau

Pour sélectionner	Procéder ainsi
une cellule	cliquer sur le bord gauche de la cellule
une ligne	cliquer à gauche de la ligne (à l'extérieur du tableau)
une colonne	cliquer sur la bordure supérieure de la colonne
plusieurs cellules, lignes ou colonnes	faire glisser le pointeur sur les cellules, les lignes ou les colonnes
 tout le tableau	cliquer sur l'icône de tableau dans le coin supérieur gauche du tableau ⊞.

Modifier la largeur des colonnes

Marche à suivre

1. Positionner simplement le point d'insertion à l'intérieur du tableau sur une ligne de colonne sans qu'aucune sélection soit faite.

   Pour une cellule, sélectionner la cellule qui doit être modifiée.

2. Cliquer sur la ligne séparant les colonnes (le pointeur se transforme en flèche double) et faire glisser vers la gauche ou vers la droite.

Il est important de noter qu'il est possible d'utiliser les alignements et les retraits de paragraphe dans les cellules ainsi que tous les formats de paragraphe.

UNIFORMISER LA LARGEUR DES COLONNES ET LA HAUTEUR DES RANGÉES

À l'aide de certaines fonctions, il est possible d'uniformiser rapidement la largeur des colonnes ainsi que la hauteur des rangées.

MARCHE À SUIVRE

1. Sélectionner les colonnes ou les rangées dont les dimensions doivent être uniformisées.
2. Cliquer sur le bouton **Uniformiser la largeur des colonnes** ou **Uniformiser la hauteur des lignes** de la barre d'outils **Tableaux et bordures**.

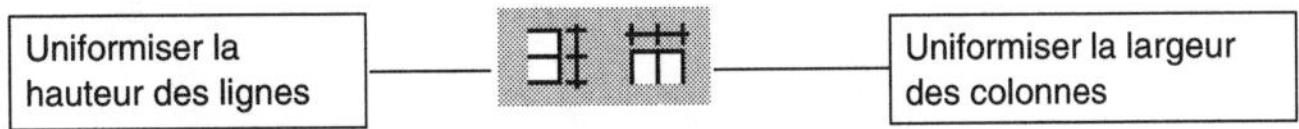

MISE EN FORME À L'INTÉRIEUR DES CELLULES

D'autres fonctions rapides de mise en forme sont très utiles à l'intérieur du tableau. On trouve ces fonctions sur la barre d'outils **Tableaux et bordures.**

Les fonctions **Aligner le haut**, **Centrer verticalement** et **Aligner le bas** permettent d'aligner le texte sur le haut de la cellule, de le centrer verticalement ou de l'aligner sur le bas de la cellule. Notez les lignes à l'intérieur des icônes, elles sont très explicites.

Changer l'orientation du texte est particulièrement utile pour les titres de colonnes lorsque le tableau comporte plusieurs colonnes étroites ou pour les titres de rangées de cellules.

Formats automatiques

Une fonction qui sera sans contredit appréciée de tous, c'est le format automatique des tableaux. Cette commande permet en effet de mettre en forme tout un tableau en sélectionnant l'un des modèles proposés par Word.

Marche à suivre

1. Placer le pointeur à l'intérieur du tableau.

2. Sélectionner le bouton **Mise en forme automatique de tableau** de la barre d'outils **Tableaux et bordures**. Une fenêtre apparaît.

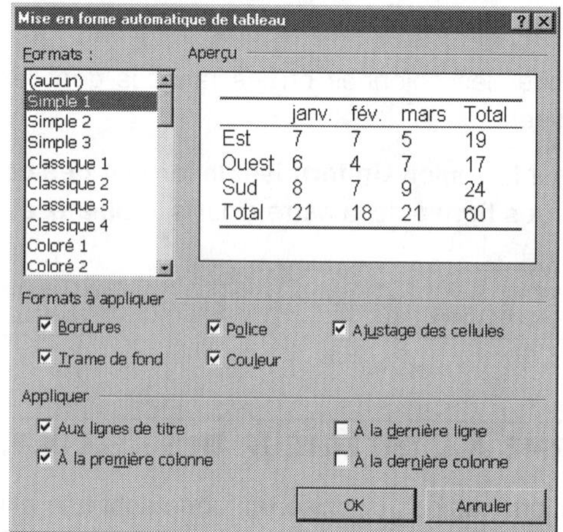

3. Sélectionner un format; Word affiche alors un exemple dans la zone **Aperçu**.

   Il est possible d'appliquer seulement une partie du format en sélectionnant les mises en forme à appliquer: **Bordures**, **Trame de fond**, **Police**, **Couleur**.

*La fonction **Ajustage des cellules** permet d'ajuster les colonnes à la largeur de leur contenu. Pour que Word modifie la largeur de vos colonnes, désactiver cette fonction, ce qui est recommandé dans la plupart des cas.*

Exercice

Cet exercice demande d'appliquer un format de bordure.

1. Créez le tableau suivant à l'aide de la barre d'outils **Tableaux et bordures** et du bouton **Dessiner un tableau.**
2. Utilisez les formats automatiques pour modifier l'apparence du tableau. N'oubliez pas de désactiver la fonction **Ajustage des cellules** en appliquant les formats automatiques.
3. Uniformisez la hauteur des lignes et des colonnes à l'aide des outils appropriés.
4. Centrez le texte à l'intérieur des cellules, horizontalement et verticalement.
5. Centrez le tableau au centre de la page: sélectionnez-le à l'aide de l'icône de tableau et cliquez sur le bouton **Centrer** de la barre des mises en forme.
6. Enregistrez le document sous «**Tableau 1**».

Produit	**Description**	**Couleur**
Chandail	Lin	Bleu
Foulard	Soie	Rose
Chapeau	Feutre	Gris

Exercice

Cet exercice demande de créer un tableau avec une orientation de texte à la verticale et d'y appliquer une bordure.

1. Créez le tableau suivant.
2. Enregistrez le document sous «**Tableau 2**».

		Jour 1	**Jour 2**
Équipe	A	25	29
	B	28	25
	C	24	25

QUESTIONS DE RÉVISION

1. **À partir de quel menu et de quelle commande puis-je choisir différents modèles de puces?**

   ___

2. **Quelle est la meilleure manière d'appliquer des mises en forme à des paragraphes?**

   ___

3. **Quel outil me permet de naviguer rapidement dans un long document?**

   ___

4. **Pour travailler dans un tableau, quelle barre d'outils doit être affichée?**

   ___

5. **Quel outil me permet de sélectionner l'ensemble du tableau?**

   ___

Réponses en annexe

LES FONCTIONS AUXILIAIRES

Objectif général

Utiliser des fonctions qui aident à travailler plus efficacement avec Word.

Objectifs spécifiques

Être en mesure:

- ✓ de rechercher et de remplacer du texte;
- ✓ de parcourir efficacement un document;
- ✓ d'utiliser les outils de vérification du texte;
- ✓ d'insérer des caractères spéciaux;
- ✓ d'effectuer des insertions automatiques.

RECHERCHER ET REMPLACER

Si vous désirez trouver, remplacer, supprimer ou corriger un terme qui se répète à l'intérieur d'un document, vous pouvez y accéder ou le remplacer rapidement avec les commandes **Rechercher** ou **Remplacer**. Ces deux fonctions trouvent et remplacent également les caractères spéciaux tels que les champs, les tabulations, les marques de paragraphes, etc. Par exemple, vous pouvez préciser à Word que vous désirez trouver ou modifier les textes comportant les formats gras ou italique seulement. En outre, il est possible de rechercher tous les textes soulignés et de les remplacer par du texte en italique.

REMPLACER

MARCHE À SUIVRE

1. Dérouler le menu **Édition** et activer la commande **Remplacer**. La boîte de dialogue **Rechercher et remplacer** apparaît. Il est aussi possible de choisir l'onglet **Rechercher** ou **Atteindre** à partir de cette fenêtre.

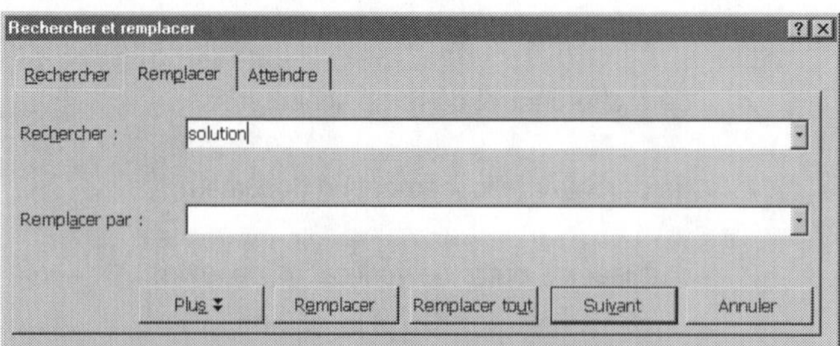

2. Taper le terme à remplacer dans la case **Rechercher** et appuyer sur la touche ***Tab*** pour accéder à la case suivante.
3. Taper le nouveau terme dans la case **Remplacer par**.

4. Cliquer sur le bouton **Plus** pour accéder à des options supplémentaires. La boîte de dialogue s'agrandit.

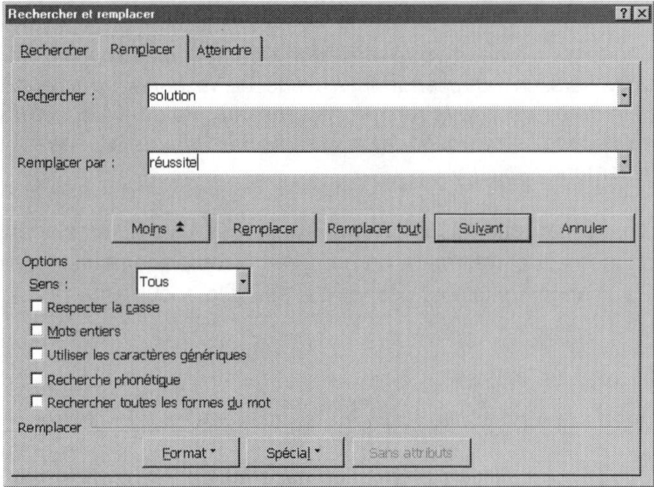

5. Choisir **Mots entiers** lorsqu'un mot peut être inclus dans un autre et ainsi prêter à confusion. Sans l'activation de cette fonction, Word s'arrêtera sur les mots qui contiennent celui qui a été précisé comme «art» dans «article» et «amour» dans «amoureux».

6. Choisir la direction de la recherche dans la zone **Sens: Vers le haut** pour chercher au-dessus du point d'insertion, **Vers le bas** pour chercher au-dessous de ce dernier, **Tous** pour une recherche dans tout le document (incluant les en-têtes et les pieds de page).

7. Activer l'option **Respecter la casse**, si nécessaire.

Cette option recherche les termes comprenant la combinaison exacte des majuscules et des minuscules telle que tapée dans la case.

8. Sélectionner le bouton **Suivant**.

Word s'arrêtera sur tous les mots ou toutes les parties de texte qui ont été précisés. Il s'agit d'autoriser, chaque fois, le remplacement en cliquant sur la case **Remplacer** ou de le refuser en appuyant sur la case **Suivant**.

Si la boîte de dialogue vous empêche de vérifier les modifications à l'écran, la déplacer vers un autre endroit, à l'aide de la barre de titre. Il est également possible de poursuivre la recherche sans la boîte de dialogue. Il suffit de cliquer sur les flèches de navigation (doubles flèches bleues situées au bas de la barre de défilement verticale).

Par contre, en choisissant **Remplacer tout**, Word remplacera tous les termes instantanément et informera du nombre de remplacements. Dans ce cas, s'assurer que les changements sont désirés dans tout le document.

Lorsque le point d'insertion se situe dans les cases ***Rechercher*** *ou* ***Remplacer par****, il est possible d'utiliser le bouton* ***Format*** *afin d'associer un format au texte recherché ou remplacé. Ainsi, il serait donc possible de rechercher un mot et de le remplacer par le même mot en précisant de le mettre en caractères gras.*

Exemple d'un mauvais remplacement: un texte contient les termes «plan directeur» et «directeur» et vous remplacez le mot directeur par directrice. Avec l'option **Remplacer tout**, l'expression «plan directeur» deviendra «plan directrice».

Par ailleurs, l'option **Remplacer tout** se révèle très utile pour effectuer des remplacements dans un texte sélectionné (tableau, quelques paragraphes, etc.). Dans ce cas, Word tient compte seulement du texte sélectionné et non de tout le document.

RECHERCHER

La commande **Rechercher** s'utilise sensiblement de la même manière que la commande **Remplacer**. Pour rechercher un texte à l'intérieur d'un document, il suffit d'activer la fonction **Rechercher** et Word trouve le terme précisé.

MARCHE À SUIVRE

1. Dérouler le menu **Édition** et activer la commande **Rechercher**; la boîte de dialogue **Rechercher et remplacer** apparaît:

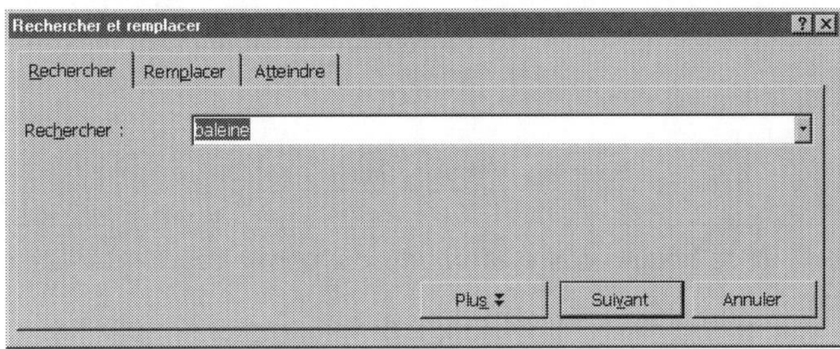

2. Suivre la même démarche que pour **Remplacer**.

L'option **Remplacer par** qui n'existe pas ici est la seule différence entre les deux commandes. Les autres options de la boîte de dialogue fonctionnent de manière presque identique. Pour accéder directement à la boîte de dialogue **Remplacer**, cliquer sur l'onglet **Remplacer,** afin de modifier le texte trouvé, si nécessaire.

Word s'arrêtera sur tous les mots ou toutes les parties de texte précisés; il suffit de cliquer sur **Suivant** chaque fois pour continuer jusqu'à la fin du document.

Maj+F4 *répète la dernière recherche lorsque la boîte de dialogue est fermée.*

EXERCICE

Cet exercice permet d'initier l'utilisateur à la fonction **Remplacer**.

1. Récupérez le document «**Créativité 2**».
2. Remplacez le mot **production** par **création**.
3. Enregistrez sous le même nom.

PARCOURIR UN DOCUMENT

Word offre une fonction toute particulière qui permet de retrouver rapidement des éléments tels que des graphiques, des tableaux ou des paragraphes de titre. Cette fonction est accessible par le bouton **Sélectionner l'objet parcouru** situé au coin inférieur droit de l'écran sous la barre de défilement vertical.

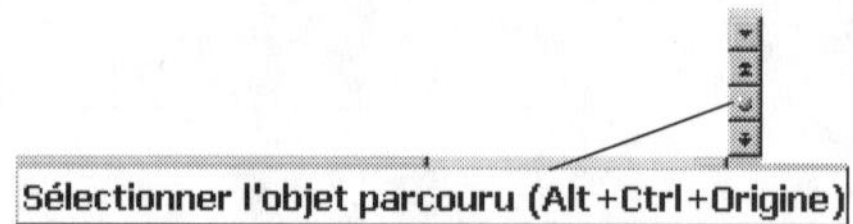

Un clic sur ce bouton ouvre un menu qui permet de choisir les types d'éléments à parcourir.

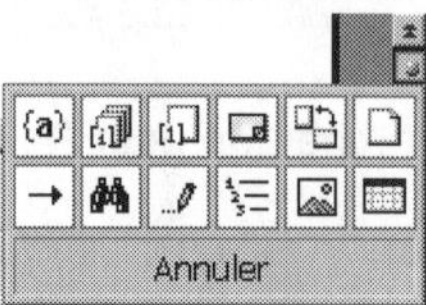

À titre d'exemple, l'option **Parcourir par tableau** permet de passer directement d'un tableau à l'autre à l'intérieur d'un document.

MARCHE À SUIVRE

1. Cliquer sur le bouton **Sélectionner l'objet parcouru**.
2. Sélectionner le type d'élément approprié.
3. Cliquer sur le bouton **précédent** ou **suivant** afin de parcourir les éléments désirés.

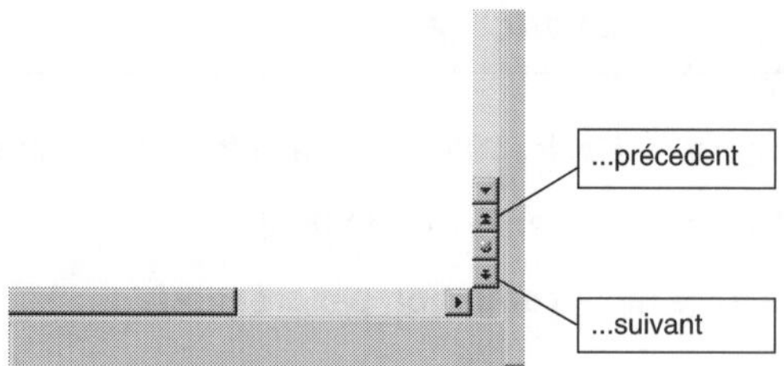

Exercice

Cet exercice familiarise l'utilisateur avec la recherche à l'aide de la fonction **Sélectionner l'objet parcouru**.

1. Récupérez le document «**Brainstorming**».
2. Utilisez la fonction **Sélectionner l'objet parcouru** afin de parcourir les titres du document.

OUTILS DE VÉRIFICATION

Word propose une variété d'outils permettant d'effectuer divers types de vérification orthographique et grammaticale. Si une autre langue que le français est utilisée, il est important de le préciser. Il est toutefois nécessaire que les fichiers correspondant à cette langue soient installés dans votre ordinateur.

Langues

2000

Dans Word, lorsque vous avez activé la modification d'une langue spécifique et installé les outils de vérification linguistique *Microsoft Office 2000,* Word sera capable de détecter automatiquement cette langue dans les documents et d'appliquer les outils de vérification linguistique nécessaires. Pour obtenir une liste des langues que Word peut automatiquement détecter, consultez l'aide de Word.

Pour activer ou désactiver le détecteur automatique de langue, dérouler le menu **Outils** et sélectionner **Langue,** puis **Langue** et activer ou désactiver la case à cocher **Détecter automatiquement la langue**.

Par ailleurs, pour taper une portion de texte en anglais dans un document français, vous pouvez toujours préciser la partie que Word doit corriger en anglais.

Marche à suivre

1. Sélectionner le texte qui est écrit en anglais.
2. Dérouler le menu **Outils** et activer l'article **Langue** et sélectionner le sous-menu **Langue**.
3. Sélectionner la langue de travail désirée (ex.: Anglais É.U. ou G.B.).

Par défaut, la langue de travail étant le français, seuls les paragraphes sélectionnés auront une langue de travail différente. Ainsi, les deux dictionnaires (Anglais et Français) pourront être utilisés dans un même document, à la condition qu'ils soient installés dans le système.

VÉRIFICATION AUTOMATIQUE

Comme nous l'avons mentionné dans le premier chapitre, Word active automatiquement la fonction de vérification automatique d'orthographe. Ainsi, tous les mots qui ne sont pas reconnus par le dictionnaire sont soulignés avec une ligne rouge ondulée. Ces lignes rouges sont affichées à titre informatif, elles ne s'impriment pas.

Pour corriger les mots fautifs, il y a deux façons de procéder: la correction au fur et à mesure de l'écriture du texte ou la correction une fois le texte terminé.

Correction lors de la saisie de texte

MARCHE À SUIVRE

1. Placer le pointeur de la souris sur le mot et cliquer avec le bouton droit.

   Une liste de suggestions apparaît.

2. Sélectionner le mot qui convient ou, s'il ne s'agit pas d'une erreur, cliquer sur **Tout ignorer** pour que Word accepte le mot tel quel ou encore, cliquer sur **Ajouter** pour ajouter le mot au dictionnaire personnel.

Il existe souvent des mots ou des termes qui sont propres à un domaine d'emploi; dans ce cas, il est avantageux de les ajouter au dictionnaire personnel afin que Word les reconnaisse à l'avenir.

Correction à la fin de la saisie de texte

Si la correction automatique a été désactivée pendant la saisie de texte, il est possible de corriger les erreurs orthographiques rapidement avec la méthode qui suit. Pour activer ou désactiver la correction en cours de frappe, dérouler le menu **Outils** et choisir la commande **Options**, puis l'onglet **Grammaire et orthographe**. Désactiver ou activer l'option **Vérifier l'orthographe en cours de frappe**.

Marche à suivre

1. Placer le point d'insertion au début du document (***Ctrl+Début***).
2. Activer le raccourci clavier ***Alt+F7*** ou double-cliquer sur l'icône **État grammatical et orthographique** (située dans la barre d'état).

   Word affiche automatiquement le premier mot mal orthographié qu'il trouve et propose directement la liste des choix dans un menu contextuel.
3. Choisir le mot ou un des mots proposés par le vérificateur et activer de nouveau ***Alt+F7*** ou double-cliquer sur l'icône **État grammatical et orthographique** pour passer au mot fautif suivant.

*Quand il reste des erreurs dans le document, le bouton **État grammatical** affiche un X dans le dictionnaire, mais lorsque toutes les corrections sont effectuées, le bouton **État grammatical et orthographique** affiche un crochet; il adopte l'aspect suivant:*

Grammaire et orthographe

La fonction **Grammaire et orthographe** du menu **Outils** est une autre façon de vérifier l'orthographe des mots d'un texte afin de déceler les erreurs ou les coquilles qui pourraient s'y glisser. Elle est utile surtout si les options **Vérifier l'orthographe au cours de la frappe** ou **Vérifier la grammaire au cours de la frappe** du menu **Outils**, **Options – Grammaire et orthographe** sont désactivées.

À moins que vous n'ayez sélectionné du texte, Word vérifie le document à partir du point d'insertion. Si vous désirez procéder à une vérification complète, positionnez votre point d'insertion au début du document.

Marche à suivre

1. Dérouler le menu **Outils** et activer la commande **Grammaire et orthographe** ou cliquer sur son icône située sur la barre d'outils standard. Une fenêtre apparaît avec deux types de correction possibles.

Mot absent du dictionnaire

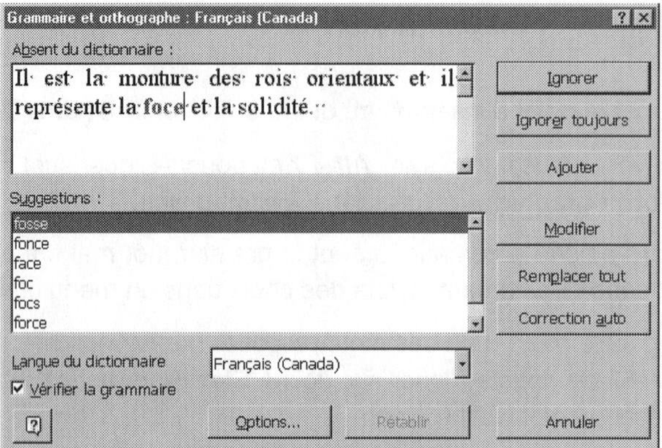

Choisir d'ignorer la recommandation ou de l'accepter en cliquant sur le bouton **Ignorer** ou **Modifier**, selon le cas. Si Word refuse un mot, par exemple un nom propre qui revient souvent dans le document, il est recommandé de cliquer sur **Ignorer toujours**. Avec cette dernière option, le vérificateur ignorera ce mot ou ce terme tout au long de la session Word en cours.

Il est également possible de corriger soi-même le terme fautif (dans la zone **Absent du dictionnaire**) en double-cliquant dessus et en le remplaçant par le terme approprié.

Il arrive que Word ne reconnaisse pas un mot même s'il est correctement orthographié; dans ce cas, cliquer sur **Ajouter**. Word ajoutera ce mot au dictionnaire. Cette fonction est très utile pour insérer un nom propre ou un terme particulier à un domaine ou à une entreprise.

Il est possible de corriger une erreur directement dans le texte, la boîte de dialogue restera ouverte. Cliquer dans la boîte sur le bouton **Reprendre** pour continuer la vérification.

Erreur de grammaire

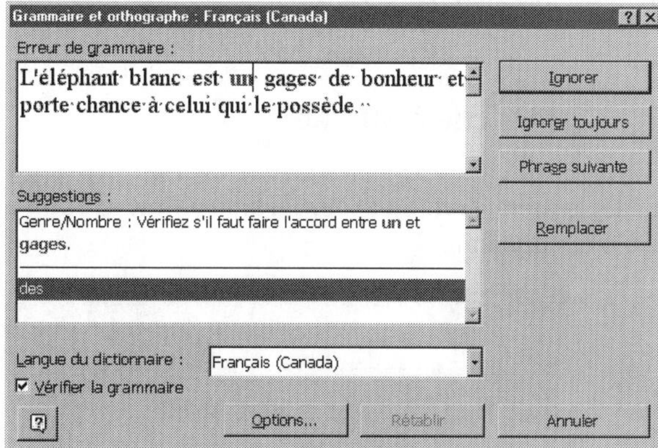

Dans le cas d'une erreur de grammaire, deux boutons diffèrent.

Phrase suivante – ignore toutes les autres erreurs susceptibles de se trouver dans la phrase courante et passe à la prochaine phrase contestée par le vérificateur grammatical.

Remplacer – effectue la correction proposée.

2. Continuer ainsi jusqu'à la fin du document et cliquer sur le bouton **OK** à la fin de la vérification.

*Lorsque le vérificateur détecte une faute, le **Compagnon Office** propose souvent l'explication de cette règle. Cliquer sur **Expliquer**.*

CORRECTION AUTOMATIQUE

Cette option corrige les erreurs de frappe au fur et à mesure que le texte est saisi. Ainsi, les erreurs ne sont pas affichées à l'écran mais remplacées automatiquement. Attention, Word ne corrige pas toutes les fautes, mais seulement celles qui sont insérées dans la banque de la boîte de dialogue **Correction automatique**. Vous pouvez donc insérer les corrections de votre choix en plus d'utiliser celles qui sont fournies par le vérificateur.

MARCHE À SUIVRE

1. Dérouler le menu **Outils** et activer l'article **Correction automatique**. Une boîte de dialogue apparaît.

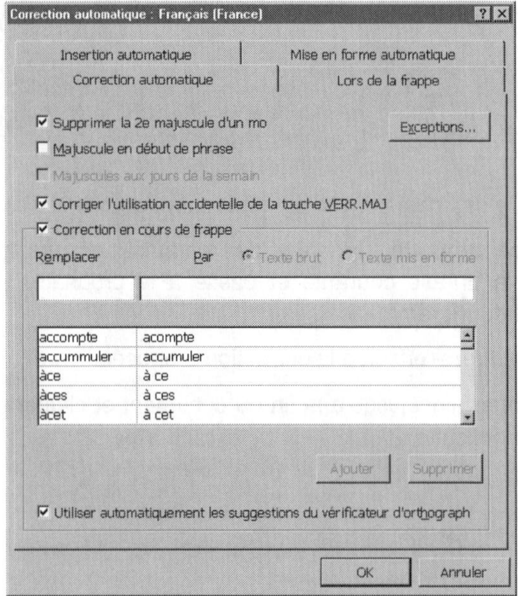

2. Choisir les options qui conviennent.

   Supprimer la 2e majuscule d'un mot – change la 2e majuscule pour une minuscule, si deux majuscules sont tapées au début d'un mot.

   Majuscule en début de phrase – transforme la première lettre minuscule d'une phrase en majuscule. Word reconnaît le début d'une phrase si la précédente se termine par un point final.

   Corriger l'utilisation accidentelle de la touche VERR. MAJ – désactive la fonction **Verr. Maj.** et effectue la correction nécessaire (ex.: mONTRÉAL deviendra automatiquement Montréal après avoir tapé l'espace à la suite du mot).

   Correction en cours de frappe – active la correction automatique.

3. Taper dans la case **Remplacer** le terme fautif et dans la case **Par**, le terme corrigé.

4. Cliquer sur le bouton **Ajouter**. Word insère les deux termes par ordre alphabétique dans la liste au-dessous de cette case.

Dorénavant, chaque fois qu'une des erreurs affichées dans la liste de gauche se glissera dans le texte, Word la corrigera automatiquement, mais seulement après avoir inséré une espace après le mot.

Exceptions

Cette option de la correction automatique permet d'indiquer trois types d'exceptions.

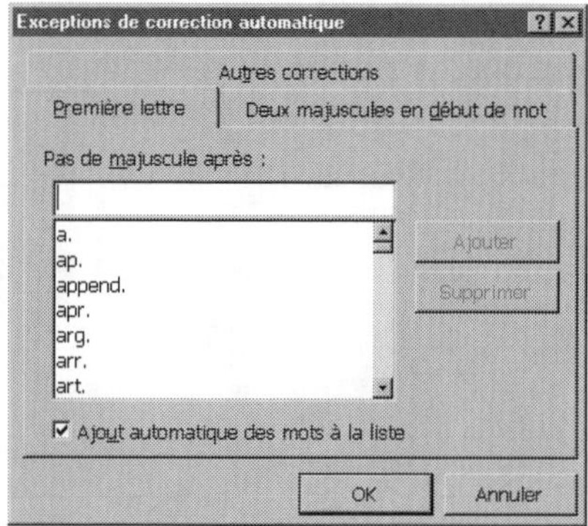

Première lettre permet de préciser quelles sont les abréviations que vous utilisez et qui ne nécessitent pas de majuscule après le point.

Deux majuscules en début de mot permet de préciser quels mots ne doivent pas être corrigés concernant l'emploi de la majuscule.

Autres corrections permet de préciser un mot ou un acronyme ou toutes autres exceptions.

MARCHE À SUIVRE

1. Taper dans la case **Pas de majuscule après** l'abréviation désirée.

   Plusieurs abréviations figurent déjà dans la liste.

2. Cliquer sur le bouton **Ajouter**.
3. Répéter les deux premières étapes jusqu'à ce que toutes les abréviations souhaitées soient inscrites et cliquer sur le bouton **OK**.

Synonymes

En plus des vérificateurs d'orthographe, de grammaire et de la correction automatique, Word offre un dictionnaire des synonymes (***Maj+F7***). Il fonctionne sensiblement de la même manière que le vérificateur d'orthographe. En rédaction, le dictionnaire des synonymes peut devenir un instrument très précieux.

Marche à suivre

1. Cliquer avec le bouton droit de la souris sur le mot pour lequel un synonyme est souhaitable. Un menu contextuel s'affiche.

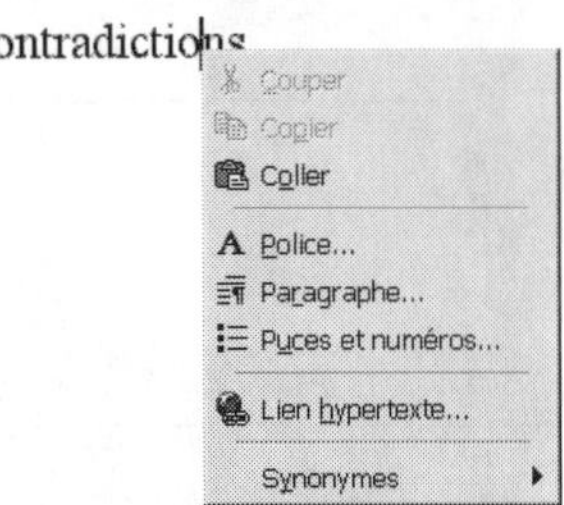

2000

2. Sélectionner la commande **Synonymes**, un deuxième menu affiche des suggestions.

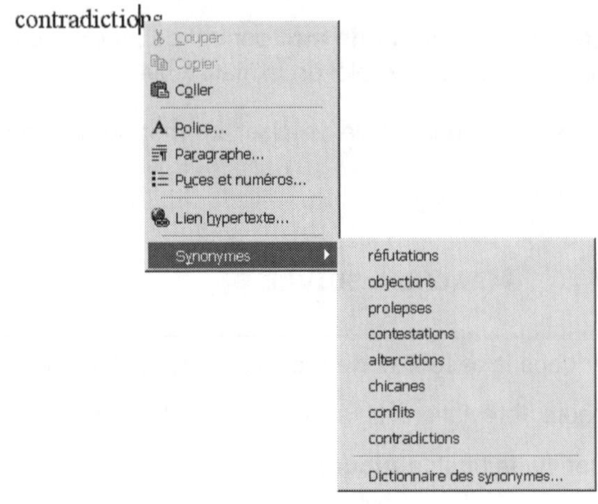

3. Choisir le terme approprié ou cliquer sur **Dictionnaire des synonymes** pour ouvrir la boîte de dialogue et accéder à d'autres significations du mot.

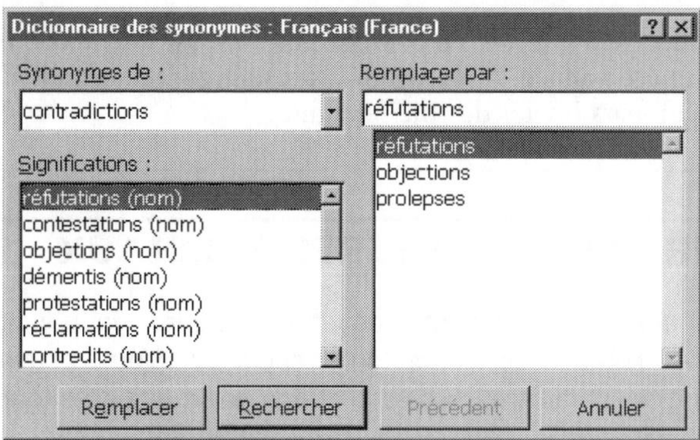

Pour accéder à cet écran, il est également possible de procéder comme suit: dérouler le menu **Outils**, activer l'article **Langue** et sélectionner **Dictionnaire des synonymes** ou taper ***Maj+F7***.

Si le mot possède plusieurs significations, cliquer sur la signification désirée dans la liste des **Significations**.

4. Sélectionner le synonyme désiré dans la liste de droite et cliquer sur **Remplacer**.

EXERCICE

Cet exercice demande de corriger l'orthographe et la grammaire.

1. Tapez le texte suivant (avec les erreurs).
2. Positionnez le point d'insertion au début du texte.
3. Utilisez le vérificateur orthographique et le vérificateur de grammaire.
4. Vérifiez les synonymes du mot «paravent».
5. Enregistrez sous «**Orthographe**».

Les maraichers annonceront en conférence de presse que la ceuillette des légume sera retardée cette année. Auparavent, ils instaleront un paravant en tissu syntéthiques pour protéger leurs invités du soleil de midi.

Le texte corrigé par Word devrait se lire comme suit:

Les maraîchers annonceront en conférence de presse que la cueillette des légumes sera retardée cette année. Auparavant, ils installeront un paravent en tissu synthétique pour protéger leurs invités du soleil de midi.

INSÉRER DES CARACTÈRES SPÉCIAUX

En plus des lettres, des chiffres et des signes de ponctuation, Word offre la possibilité d'utiliser des caractères spéciaux. Vous pouvez trouver et insérer facilement ces caractères sans chercher à deviner quelles touches de clavier utiliser.

MARCHE À SUIVRE

1. Positionner le point d'insertion à l'endroit où un caractère spécial doit être inséré.
2. Dérouler le menu **Insertion** et activer la commande **Caractères spéciaux**. Une boîte de caractères apparaît.

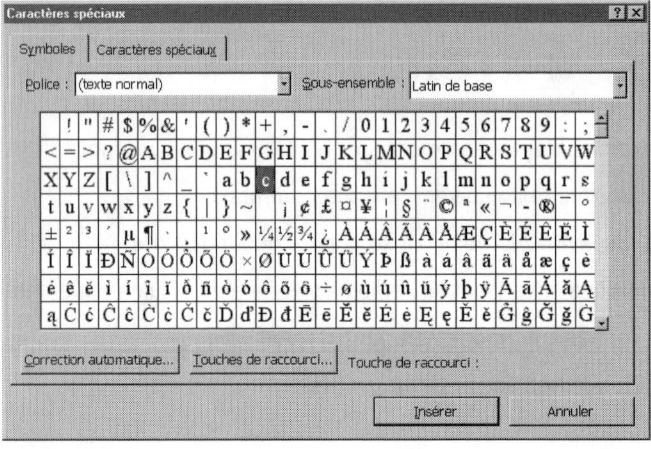

3. Sélectionner la police de caractères voulue à l'aide du menu local **Police**.

*L'élément en début de liste (**Texte normal)** permet d'obtenir les caractères de la police en cours dans le paragraphe.*

2000 Si vous utilisez une police étendue, telle que Arial ou Times New Roman, la liste **Sous-ensemble** s'affiche. Cette liste permet de choisir parmi de nombreux caractères, à la condition qu'ils soient disponibles.

*Par exemple, pour insérer un symbole monétaire comme le symbole Euro, choisir la **Police** puis, dérouler le menu local **Sous-ensemble** et choisir **Symboles monétaires**.*

Choisir l'un des caractères (cliquer sur le caractère pour le grossir et ainsi mieux le visualiser), cliquer sur **Insérer** ou double-cliquer sur le caractère. Ce dernier s'insère automatiquement dans le texte.

Sous l'onglet **Caractères spéciaux**, plusieurs caractères avec leur raccourci sont affichés dans une liste. Pour les insérer, double-cliquer sur le caractère voulu. Le bouton **Touches de raccourci** permet d'affecter une combinaison de touches au caractère sélectionné.

Par la suite, vous pouvez sélectionner et augmenter la taille de ce caractère à l'aide de l'outil de taille du caractère situé sur la barre de mise en forme.

TRAITS D'UNION ET ESPACE INSÉCABLE

Il est toujours possible de générer soi-même les coupures, les traits d'union et les espaces à l'aide des touches clavier.

Trait d'union standard

Ce tiret est toujours visible à l'écran et Word coupe le mot si le trait d'union se trouve en fin de ligne et s'il ne reste pas suffisamment d'espace pour insérer tout le mot. Utilisez ce tiret pour les mots composés, comme une reine-marguerite ou un porte-documents et rien n'empêche de transporter des reines-marguerites dans un porte-documents.

Trait d'union conditionnel

Utilisez ce tiret pour indiquer à Word à quel endroit vous désirez couper un mot. Word coupera le mot à la condition qu'il se trouve en fin de ligne. Il est visible seulement lorsque la fonction **Afficher/Masquer** ¶ est en vigueur. Maintenez la touche ***Ctrl*** enfoncée pendant que vous appuyez sur la touche du tiret (***Ctrl+-***).

Trait d'union insécable

Le trait d'union insécable sert à éviter la séparation en fin de ligne d'un ensemble comme un numéro de téléphone (555-1212): ***Ctrl+Maj+-***. L'ensemble s'inscrira sur la ligne suivante.

*Les marques non imprimables (traits d'union insécable et conditionnel) sont affichées à l'écran lorsque le bouton **Afficher/Masquer** ¶ est activé. En désactivant la fonction, le trait d'union disparaît automatiquement si ces marques ne figurent pas en fin de ligne.*

Espace insécable

Une espace insécable permet de garder les deux mots qu'elle sépare sur la même ligne. Vous pouvez l'utiliser pour empêcher qu'un retour automatique ne sépare les éléments de certains termes comme une date (30 mai 2000) ou un montant (1 000 000 $). Pour créer cette espace, faites: ***Ctrl+Maj+Espace***.

EXERCICE

Cet exercice demande à l'utilisateur d'insérer des caractères spéciaux et des traits d'union.

1. Récupérez le document «**Créativité 2**».
2. Insérez les caractères spéciaux de votre choix.
3. Insérez les différents traits d'union.

INSERTION AUTOMATIQUE

La fonction **Insertion automatique** sert à conserver en mémoire des éléments que vous utilisez fréquemment, dans le but de les insérer rapidement dans un document sans avoir à les retaper. Voici quelques exemples d'éléments que vous pourriez copier avec la commande **Insertion automatique**: textes, graphiques, tableaux, pages de présentation, noms d'organisations et leur logo, liste d'adresses, textes avec mises en forme inhabituelles.

CRÉER UNE ENTRÉE D'INSERTION AUTOMATIQUE

MARCHE À SUIVRE

1. Saisir et sélectionner le texte ou le graphique à conserver comme insertion automatique.

Pour sauvegarder une phrase ou un nom d'entreprise à insérer à l'intérieur d'un texte, ajouter une espace à la fin de votre entrée de texte automatique, ensuite taper le texte sans se préoccuper de cette espace. Pour sauvegarder un paragraphe, saisir la marque de paragraphe.

2. Dérouler le menu **Insertion**, activer l'option **Insertion automatique** et sélectionner **Nouveau** ou appuyer sur les touches ***Alt+F3***. La fenêtre suivante apparaît.

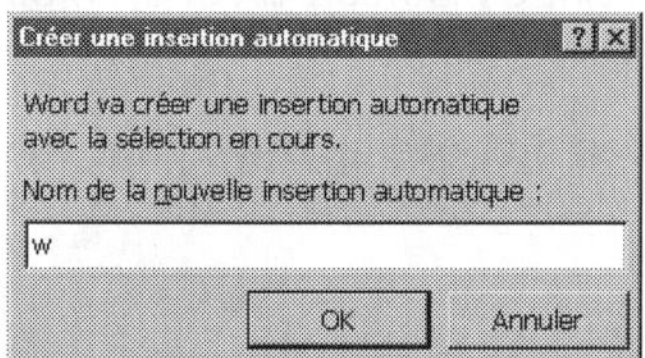

3. Taper le nom de l'entrée du texte automatique.

Il est préférable de choisir un nom court et facile à se rappeler, un caractère suffit.

4. Cliquer sur le bouton **OK**.

EXERCICE

Cet exercice initie l'utilisateur à la création d'insertions automatiques.

1. Créez une insertion automatique vedette et nommez-la «**sh**».

   Monsieur Sherlock Holmes
   Hôtel des Mystères

123, rue de la Loupe
Saint-Élémentaire (Québec)
W1W 2Q2

2. Créez une insertion automatique de salutation et nommez-la «**s**».

   Veuillez agréer, Monsieur, l'expression de mes meilleurs sentiments.

   Docteur Watson
   Assistant

INSÉRER UNE ENTRÉE DE TEXTE AUTOMATIQUE

Voici deux façons d'insérer une entrée de texte automatique dans un document.

À l'aide des touches du clavier

MARCHE À SUIVRE

1. Positionner le point d'insertion à l'endroit où le contenu du texte automatique doit être inséré.
2. Taper l'abréviation du texte automatique, puis ***F3***.

Cette manière de procéder est la plus facile et plus l'abréviation de l'entrée automatique est courte (un caractère suffit), plus l'insertion de l'entrée sera rapide.

À l'aide de la commande Insertion automatique

MARCHE À SUIVRE

1. Positionner le point d'insertion à l'endroit où doit s'insérer le contenu du texte automatique.
2. Dérouler le menu **Insertion** et activer l'article **Insertion automatique** puis sélectionner **Insertion automatique**.
3. Sélectionner l'abréviation de l'entrée de texte automatique à insérer.
4. Cliquer sur **Insérer**.

SUPPRIMER UNE INSERTION AUTOMATIQUE

MARCHE À SUIVRE

1. Dérouler le menu **Insertion** et activer **Insertion automatique** puis sélectionner **Insertion automatique**.
2. Sélectionner l'abréviation de l'entrée de texte automatique à supprimer.
3. Cliquer sur la case **Supprimer**.
4. Choisir **Fermer**.

MODIFIER UNE INSERTION AUTOMATIQUE

MARCHE À SUIVRE

1. Insérer l'entrée de texte automatique dans le document.
2. Modifier l'entrée.
3. Sélectionner l'entrée modifiée.
4. Dérouler le menu **Insertion** et activer **Insertion automatique** – **Nouveau** ou appuyer sur les touches ***Alt+F3***.
5. Taper à nouveau le nom de la sélection et cliquer sur le bouton **OK**.
6. Cliquer sur **Oui** à la question **Redéfinir cette insertion automatique?**

Utiliser les insertions automatiques avec la barre d'outils

À partir du menu **Affichage** et de la commande **Barre d'outils** ou encore en cliquant avec le bouton droit de la souris sur une barre d'outils, il est possible de demander d'afficher une barre d'outils qui s'intitule **Insertion automatique**. Il sera alors possible de choisir l'insertion directement de la barre d'outils et d'accéder à **Nouveau** pour créer une nouvelle insertion.

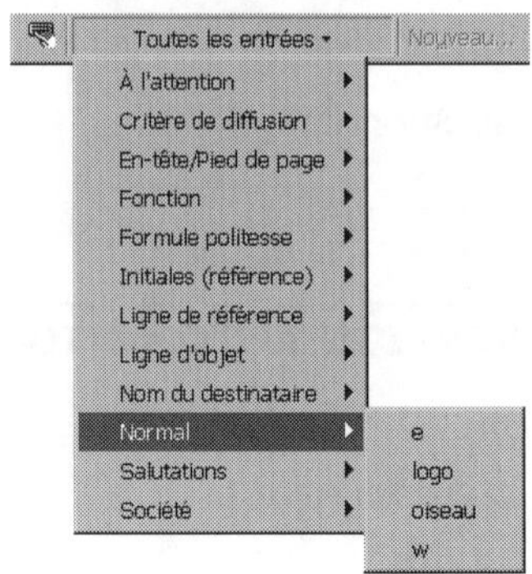

Imprimer les insertions automatiques

Marche à suivre

1. Dérouler le menu **Fichier** et activer **Imprimer** (***Ctrl+P***).
2. Sélectionner **Insertions automatiques** dans la liste déroulante **Imprimer** et cliquer sur le bouton **OK**.

Insérer les entrées des dates ou des heures

Word permet d'insérer la date ainsi que l'heure dans votre texte et vous propose différents formats pour le faire.

Marche à suivre

1. Dérouler le menu **Insertion** et activer l'article **Date et heure**.

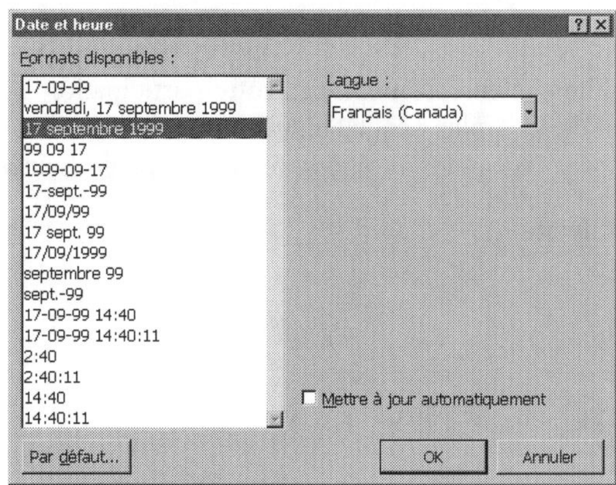

2. Sélectionner le format souhaité.

2000

3. Choisir la langue dans laquelle la date et l'heure doivent être insérées.
4. Cliquer sur le bouton **OK** ou appuyer sur la touche ***Entrée***.

Lorsque vous insérez la date ou l'heure en activant l'option **Mettre à jour automatiquement**, Word inscrit un code de champ (il n'apparaît pas à l'écran), ce qui vous permet de mettre à jour ces éléments au moment de l'impression. Par exemple, la date inscrite sur le document sera celle du jour d'impression dudit document.

Exercice

Cet exercice initie l'utilisateur à se servir des insertions automatiques.

1. Tapez la lettre qui suit en insérant les textes automatiques créés à l'exercice précédent.
2. Enregistrez sous «**Holmes**».

Le (insérez la date)

(Insérez la vedette)

Monsieur,

Je vous félicite chaleureusement, car votre participation à l'arrestation du meurtrier de la gare a été des plus spectaculaires. Depuis hier, les citoyens de notre village circulent dans les rues sans avoir à craindre d'être assassinés.

(Insérez la salutation)

EXERCICE

Cet exercice initie l'utilisateur à la suppression d'insertions automatiques.

1. Supprimez les entrées automatiques SALUTATION (s) et VEDETTE (v) de la boîte d'**Insertion automatique**.

QUESTIONS DE RÉVISION

1. **Comment insérer une espace insécable?**

   a. ***Ctrl+Espace***

   b. ***Maj+Espace***

   c. ***Ctrl+Maj+Espace***

2. **Comment insérer rapidement une insertion automatique?**

   a. Abréviation (nom de l'insertion) + ***F3***

   b. ***F3***

   c. ***Alt+F2***

3. **Quelle fonction affiche les fautes d'orthographe au fur et à mesure de la saisie de texte?**

   a. Vérificateur d'orthographe

   b. Grammaire

   c. Correction automatique

4. **Que corrige la fonction *Correction automatique*?**

   a. La grammaire

   b. Les termes insérés dans la liste de la boîte **Correction automatique** du menu **Outils**

   c. L'orthographe

5. **Où désactiver l'option *Vérifier la grammaire au cours de la frappe*?**

   a. **Outils** et **Correction automatique**

   b. **Outils** et **Langues**

   c. **Outils** et **Options**, puis l'onglet **Grammaire et orthographe**

Réponses en annexe

Annexe

RÉPONSES AUX QUESTIONS DE RÉVISION

Chapitre 1

1. a) ***Ctrl+S***
2. b) Pointer et cliquer à gauche de la ligne avec la souris
3. b) ***Ctrl+A***
4. c) Pinceau
5. a) ***Maj+F3***
6. c) 12

Chapitre 2

1. b) ***Ctrl+F2***
2. Dérouler le menu **Fichier** et activer la commande **Imprimer** ou appuyer sur ***Ctrl+P***. Dans la boîte de dialogue, sélectionner **Page en cours** et cliquer sur le bouton **OK** ou appuyer sur ***Entrée***.
3. Double-cliquer sur l'icône d'imprimante que Word affiche sur la barre d'état. Si l'impression est déjà mémorisée par l'imprimante, double-cliquer sur l'icône de la barre des tâches à gauche de l'heure. Ceci a pour effet d'ouvrir le gestionnaire d'impression. Sélectionner le document et appuyer sur la touche ***Supprimer***.

Chapitre 3

1. b) ***Ctrl+0***
2. b) Du menu **Fichier** et de la commande **Mise en Page**
3. b) ***Ctrl+Entrée***
4. a) Du menu **Format**, de la commande **Police** et de l'onglet **Espacement**
5. b) 12 points

Chapitre 4

1. À partir du menu **Format** et de la commande **Puces et numéros.** Choisir l'onglet **Avec puces** pour les modèles de puces et **Numéros** pour les modèles de numérotation.
2. L'utilisation des styles est le moyen par excellence dans Word d'appliquer des mises en forme à des paragraphes.
3. L'**Explorateur de document** à la condition d'utiliser les styles.
4. La barre d'outils **Tableaux et bordures** qui contient tous les outils nécessaires pour créer et mettre en forme des tableaux.
5. L'icône de sélection du tableau qui s'affiche en haut à gauche du tableau lorsque le point d'insertion se positionne dans le tableau.

Chapitre 5

1. c) ***Ctrl+Maj+Espace***
2. a) Abréviation (nom de l'insertion) + ***F3***
3. a) Vérificateur d'orthographe
4. b) Les termes insérés dans la liste de la boîte **Correction automatique** du menu **Outils**
5. c) **Outils** et **Options,** puis l'onglet **Grammaire et orthographe**

Découpez ici, collez ou photocopiez sur un carton et déposez sur le haut de votre clavier

Mémento des touches de fonction du clavier Word 2000

	F1	F2	F3	F4
Touche	Compagnon Office		Insertion automatique	Répète la dern. action
Maj+	Aide contexte		Change la casse	Répète Rechercher
Ctrl+		Aperçu avant impression	Déplace Pique-notes	Ferme le document
Ctrl+Maj+			Insère Pique-notes	
Alt+	Champ suivant		Insertion automatique	Quitte Word

	F5	F6	F7	F8
Touche	Atteint un emplacement	Volet suivant	Grammaire et orthographe	Étend la sélection
Maj+	Emplacement précédent	Volet précédent	Dictionnaire synonymes	Réduit la sélection
Ctrl+	Restaure dimension fen.	Fenêtre suivante	Déplace fenêtre doc.	Dimension fenêtre
Ctrl+Maj+	Signet	Fenêtre précédente	Mise à jour liaison	Étend une sélection
Alt+	Restaure dimension appl.		Erreur orthog. suivante	Exécute une macro

	F9	F10	F11	F12
Touche	Mise à jour champ	Active barre menus	Champ suivant	Enregistrer sous
Maj+	Aff. champ ou résultat	Affiche menu contextuel	Champ précédent	Enregistrer
Ctrl+	Insère champ vide	Agrandit fenêtre doc.	Verrouille champ	Ouvrir un document
Ctrl+Maj+	Annule liaison champ	Active la règle	Déverrouille champ	Imprimer
Alt+	Tous champs ou résultats	Agrandit fenêtre appl.	Éditeur Visual Basic	

INDEX